好好说话

有趣的口才精进技巧

杨建峰 编著

成都地图出版社

图书在版编目(CIP)数据

好好说话：有趣的口才精进技巧／杨建峰编著．--成都：成都地图出版社有限公司，2020.7(2023.10重印)
ISBN 978-7-5557-1518-4

Ⅰ．①好… Ⅱ．①杨… Ⅲ．①口才学－通俗读物 Ⅳ．①H019-49

中国版本图书馆CIP数据核字(2020)第115669号

好好说话：有趣的口才精进技巧
HAOHAO SHUOHUA：YOUQU DE KOUCAI JINGJIN JIQIAO

编　　著：杨建峰
责任编辑：王　颖
封面设计：松　雪
出版发行：成都地图出版社有限公司
地　　址：成都市龙泉驿区建设路2号
邮政编码：610100
电　　话：028-84884648　028-84884826(营销部)
传　　真：028-84884820
印　　刷：三河市众誉天成印务有限公司
开　　本：880mm×1270mm　1/32
印　　张：5
字　　数：136千字
版　　次：2020年7月第1版
印　　次：2023年10月第3次印刷
定　　价：36.00元
书　　号：ISBN 978-7-5557-1518-4

前言

美国成功学大师戴尔·卡耐基曾经说过："良好的口才，可以让人倾心于你，广泛交友，替你开辟人生道路，这会使你收获幸福与美满。"由此，我们可以看出口才的重要性。假如你想要摆脱平庸，想要成为万众瞩目的焦点，想要获得成功与幸福，便一定要拥有良好的口才。

会说话就是好口才，好口才能更好地辅助你展现自己的才华，体现风度和气质，使你更容易得到他人的关注和喜爱；好口才亦能帮助你驰骋职场，赢得领导的青睐；好口才还能缩短人们心灵间的距离，促进彼此的交往。良好的口才可以把你的想法准确无误地传达给其他人，为你带来机遇；一些口才的小技巧还可以使你在面临语言的刁难时巧妙将其化解，解除你的困境。或许你认为成功的人不一定都具备良好的口才，但拥有好的口才绝对有益于成功。良好的口才是成功的催化剂，它能够提高成功的可能性，并且在关键时刻发挥至关重要的作用。

可是，一直以来，我们以"听话"的方式被教育，却又以"说话"的方式伤害或者被伤害，"会说话"成为许多人内心的渴望。我们不难发现，在日常生活中的一些小演讲中，也许一个口才出众的人讲话的内容平淡无奇，但大家都会被他强大的气场所吸引，让人印象深刻。而一个没有口才的人无论讲了多么精彩的内容，也很难吸引众人的目光。在成功所需要的一切因素里，相较于资本、出身、机遇、精力、智力、意志品质，我们能尽快掌握和提升的，其实就是“说话”这件小事。正如戴尔·卡耐基说过的：“当今社会，一个人的成功，仅有一小部分取决于专业知识，而大部分取决于口才的艺术。”

我们天天都在说话，却不一定能把话说好，是否善于为人处世，要看一个人是否会说话。有三条标准可供参考：说得好，说得精，说得巧。说得好，就是把话说到对方的心坎上，说者会说，听者爱听，彼此共鸣；说得精，就是言简意赅，不啰唆，不赘言；说得巧，就是把话说到点子上，一语中的。不会说话的人则常吞吞吐吐，含糊其辞，甚至可能造成误会，伤及感情，对人对己都不利。

现代社会高度竞争的复杂人际关系，快节奏的学习和工作环境，都要求我们有更加智慧、更有锐气、更强调科学性与可操作性的“好好说话”之道。没错，好好说话就是这么重要，它关乎你的幸福，乃至你的一生。本书抛开常见的教授理论套路，通过新鲜、有趣的说话技巧，达到激发读者思维、传输使用技巧的目的，从而综合提升读者的说话之道。

我和你一样，我们和大家一样，都是正走在“好好说话”的路上。

2020 年 6 月

目　录

第三章　把话说得好，更要说得巧

第四章　演讲有技巧，才能抓人心

第五章　能言善辩，以理服人也要有口才

第六章　学会拒绝，掌握说“不”的艺术

第七章　妙用幽默，把话说得更有趣

第八章　以言动人，巧妙说服有技巧

第一章

所谓好口才，就是会聊天

说一句悦人耳目的开场白

生活中免不了与人交往，有时候往往第一句话就能决定交谈的深度。一句悦人耳目的开场白，则可能使谈话双方成为无话不谈的知音；一句不中听的话，则可能破坏交谈气氛，失去结交朋友的机会。

张力的人际关系非常好。无论是与陌生人交谈，还是与熟人聊天，他都能制造出非常活跃的谈话气氛，并且能在交谈过程中让双方的感情进一步加深。这就是他获得好人缘的原因所在。

一次，张力参加一个同事的生日聚会，在会场上遇到了这个同事的老同学王宾。他便走上前去，彬彬有礼地说："您好！听说您和今天的寿星是老同学？"王宾略带惊讶却高兴地点点头说："您是？""我是他的同事，很高兴能与您相识！今天还真是个好日子，不但能给同事祝寿，而且还结交到一个好朋友，真是很难得。"张力面带微笑地说。王宾也高兴地迎合着张力的话题，两人就这样高兴地攀谈起来。生日宴会结束后，两人依依不舍地告别了。

张力与王宾之所以能成为好朋友，第一句开场白的作用很重要。如果张力的第一句话没有引起王宾的注意，没有为交谈营造一种良好融洽的气氛，那么二人的结局可能会是另一番景象。

当然，说好第一句话，并不只限于与陌生人的交往中，还可以运用到朋友、夫妻、亲人的交往之中，这样便可增进友情、巩固爱情、温暖亲情。

丈夫因事外出，不慎将随身携带的3000元钱弄丢了。丈夫心里非常着急，家里本来就不富裕，而且这3000元是妻子辛辛苦苦、奔波忙碌攒下来的。想到这里，他开始不停地责怪自己，不知道该怎么向妻子交代。无奈之下，他只得拨通了家里的电话。电话接通后，他支支吾吾地说："对不起，我……我……不小心……把3000块钱给丢了。"

妻子听了以后说："人丢了没有？只要人没有丢就好啊，赶快回家吧……"听完妻子的话，他感动得不知所措，愣愣地站在电话亭旁，过了好一会儿才回过神来。其实，妻子平时非常节俭，丢了钱，她心里一定非常难过，可是她通情达理，知道事情既然已经发生了，再怎么埋怨也没有用。

生活中，无论是亲戚、朋友之间，还是夫妻之间，都会出现这样或那样的矛盾，而这些矛盾很多时候都是由第一句话所引起的。 由此可见，说好第一句话多么重要。

那么，如何才能把第一句话说好呢？ 以下几点可供参考：

1. 让第一句话拉近彼此之间的距离

赤壁之战中，有一次，鲁肃去见诸葛亮，他的开场白是：“我，子瑜友也。”而子瑜正是诸葛亮的哥哥诸葛瑾，与鲁肃乃是忘年之交。就这样，鲁肃与诸葛亮马上就搭上了关系，拉近了彼此之间的距离。

任何人都不可能离开人群不与其他人交往，只要彼此都留意，就不难发现双方潜在的那层“亲戚”关系。

譬如：“你是天津人？ 我以前在天津上大学。 说起来，还真巧呢！ 天津可真是个不错的地方。”

“您是清华大学毕业的？ 我也是，咱们还是校友呢！ 您是哪届的呀？ 说不定咱们还是同届的呢！”

“您来自皖南，我是在皖北出生的，两地相隔咫尺。 在这里居然还能遇到老乡，真是一件令人开心的事情。”

这种初次见面互相攀亲的谈话方式，很容易搭建起陌生人之间谈话的桥梁，使双方在短时间内产生一见如故、相见恨晚的感觉，从而给对方留下良好的第一印象。

2. 用第一句话让人感受到尊重

对陌生人表示尊敬、仰慕，是礼貌的一种表现，也能拉近彼此之间的距离。但是，采用这种方式必须注意：要掌握好分寸，褒奖适度，不能胡乱吹捧，谈话的内容要因时因地而异。

例如："我曾拜读过您多部作品，从里面学到的东西颇多，可谓受益匪浅！没想到今天竟能在这里见到您，真是荣幸之至啊！"

"今天是教师节，在这美好的日子里，我真诚地祝您节日快乐、身体健康、桃李满天下。"

"您的家乡桂林是个风景秀丽的地方，不是有句话说'桂林山水甲天下'吗？我今天非常高兴能认识您这位桂林的朋友。"

3. 在第一句话中就把问候送出去

无论是与陌生人的初次见面，还是与熟人相遇，问候都是少不了的。一见面，最好第一句话就将问候送出去。一般情况下，"您好"是最常见的问候语，但是若能根据交谈对象、时间、场合的不同，而使用不同的问候语，效果就会更好。例如：对德高望重的长辈，应说"您老人家好"，以示敬意；对年龄跟自己相仿者，称"先生（女士）您好"，显得更加亲切；如果对方是医生、教师等，可在"您好"前加上职业称谓。若是节日期间，可以说"节日好""新年好"，给人以祝贺节日之感；也可按照时间分别对待，早晨说"早上好"，中午说"您好"，晚上说"晚上好"，就很得体。

人生无处不相逢。其实与陌生人交谈并不可怕，没有必要过于拘谨，只要主动、热情地与他们聊天，努力寻找双方的共同点，遇到冷场时，能及时找到话题，制造融洽的谈话气氛就可以了。只要学会了这些技巧，就能赢得对方的好感，拉近彼此之间的距离。

总而言之，初次见面，第一句话是非常关键的，好的开场白是对方敞开心扉的敲门砖，也是使人一见如故的秘诀。

4. 第一句话就使人感到体谅、关爱、包容

学会了如何与陌生人说好第一句话，那又应该怎样与朋友、亲人说好第一句话呢？这里面，也有一定的方法可循。

生活中，朋友、亲戚、家人之间，时不时会出现一些矛盾，这个时候，能否顺利化解矛盾，第一句话将起着决定性作用。一句不得体的话，不但会加深彼此之间的矛盾，还会伤害到彼此间的感情。所以，在说话前一定要斟酌好第一句话，不妨在语言里多融入些关爱与包容。这样，再深的矛盾也可能会因为爱而化解。

学会谈平淡如常的话题

关于话题，可能有人认为，只有那些令人兴奋刺激的话题才值得一谈。所以便苦苦地搜寻一些奇闻、令人惊心动魄的事情，或是令人难以忘却的经历，以及不寻常的故事。其实，这种认识大错特错，往往那些看似平淡如常的话语更会让人产生亲切感。

一位年轻漂亮的姑娘，走进一家珠宝店，在柜台前端详了许久。售货员礼貌地问了一句："姑娘，请问您需要什么？"

姑娘不冷不热地回答说："随便看看。"从她的言语中，售货员敏锐地察觉到这是位性格独特的女孩。此时，售货员如果不能找到令顾客感兴趣的话题，那么，这笔生意很可能泡汤，钱财就从他手边溜走了。

这时，售货员开始不断打量这位年轻漂亮的姑娘，他从姑娘的穿着打扮上判断，这位顾客是一个非常讲究的人。于是，售货员赞美道："您的这件上衣好漂亮呀！

一定花了很多钱吧?”姑娘的视线从柜台上移开了，说：“当然了，这种上衣的款式比较特别，我非常喜欢它。”售货员又接着说：“这么有品位的衣服，肯定不是在国内买的吧!”姑娘骄傲地说：“当然不是，它是我朋友从国外给我带回来的。”“您本来就天生丽质，再穿上这件衣服，更显得光彩照人了。”售货员面带微笑地说。

“您过奖了。”姑娘有些不好意思。

售货员见此情景，又补充道：“不过，这似乎还有些美中不足，如果您能再搭上一条项链，那就锦上添花了，它能将您衬托得更加完美。”

姑娘客气地说：“是呀，我也是这么想的，只是项链也是一种价格不菲的商品，我有些担心自己选得不合适……”

售货员又说：“姑娘如果信得过我，就让我做您的参谋吧……”

最后，这笔买卖顺利地做成了，姑娘满意地买到了适合自己的项链，而售货员也得到了一定的收入。

有人认为，这种交谈方式是做买卖的一种手段。其实，寻找安全性话题的谈话方式，完全可以运用到各种交际场合中。

与人交谈时，有人感到非常拘束，羞于启齿；有人觉得找不到共同话题，没有共同语言，无法交谈；有人倍感尴尬窘迫，欲言又止，或语无伦次；有人说话生硬，让人误解……产生这些现象的根本原因在于没有找到安全性话题。那么，究竟什么样的话题才算得上是安全性话题呢？

如何才能找到安全性话题呢？ 以下几点可供参考：

1. 讲话要因人而异

有些话题，大多数人听起来会觉得很有趣，并且在谈话中也非常受人欢迎，这种话题无论是让听的人还是让讲的人，都能有种满足感。 但这类话题毕竟不多，有些诸如家喻户晓的新闻，根本不用等你来讲，别人就早已听过了。

你在某一个场合，讲了一个故事，很受大家的欢迎，而这个故事在另外一些人的面前，并不见得合适。 所以，讲话要因人而异。

2. 要寻找大家熟知的话题

寻找谈话的内容，也是一个非常关键的环节。

有些人喜欢与别人谈一些与哲学相关的话题，但大多数人对这样的话题不感兴趣，所以若以这样一个话题开场，即便准备得再充分，在一般场合下，也会变得无话可谈。

如果在日常生活中多加留意的话，很多题材都可以成为良好的谈话素材。 比如，谈足球、篮球和羽毛球，或是谈生命、爱情、同情心、责任感、真理、荣誉。 也可以谈一些饮食、天气之类的话题；还可以谈谈某个人的见解，顺便陈述一下自己的观点等。 当然，这是一个灵活的话题，也可以做一下调整。

如果双方是初次见面的陌生人，不妨先从天气、籍贯、兴趣和衣着等方面入手。 这些也属于安全性话题，而且不会触及个人隐私，以便继续交谈下去。例如：“你是哪里人？”“山东。”这样，便可以列举山东一些秀美的景观、发达的城市，等等。如此一来，双方的话匣子就打开了，谈话氛围也会逐渐好起来。或者，你还可以说：“今天天气真好，如果能外出郊游，那可真是不错。你喜欢什么样的户外运动？”对方可能会说：“我喜欢爬山……”然后，就可以循着对方的话题，继续交谈下去。顺势类推，就会有源源不断的话题，甚至会觉得意犹未尽。

3.试着探求对方的兴趣爱好，寻找安全性话题

人际交往中，若想与众人攀谈，只要主动、热情地同他们说话、聊天，在话语中逐渐摸索、尝试，总会找到合适的话题。

与人交往过程中，要想找到对方的兴趣和爱好，不断拓宽谈话范围，那么说出来的第一句话，就必须要使对方能够充分明了。比如：看到一件雕像，可以指着这件雕像说，真像××的作品；听见鸟鸣，就说很有门德尔松的音乐风味。说出这些话的时候，要先确定对方在这方面不是一个外行，否则，不仅不能讨好取悦对方，还有可能会让对方感到厌烦。

如果不知道对方的职业，就不要随意提及相关话题，因为失业的人太多了，自尊心很强的失业人员，非常讨厌别人问及他的职业，所以像这样的话题，要尽量地回避。

若想知道一个人的职业，可以说：“阁下常常去游泳吗？”他说：“不。”那你就可以问他：“整天都是很忙吗？

每天去哪儿消遣呢？”

这也是试探他人职业的一种方法，这样，就可以试探出对方是否有稳定的工作。 如果对方的回答是周末或每天五点后去消遣，那么，这个人应该是有固定职业的人，反之，就不必再细问了。

一旦确定了这个人有工作，再去问及职业，如此一来，就可以和对方谈工作范围以内的事情了。

寻找共同话题，引发共鸣

找到共同话题之后，我们所要做的，就是使话题深入人心。 在人际交往的过程中，如果想给别人留下一个深刻的好印象，就必须想方设法使谈话内容引起双方的共鸣，并尽量语出惊人，让对方对你刮目相看。

要想让别人对你有一个全新的认识，最有效的方法就是通过语言让别人转变对你的看法，从而抓住听者的心。 若想抓住听者的心，应该注意以下几点：

1.察言观色，了解对方心理

现代社会的人际交往，往往要求人们有察言观色的能力。 虽说这种交际方式有矫揉造作之嫌，但却是交际中不可缺少的重要因素。 因为，如果缺少察言观色，就会缺少原动力，进而失去原有的有利优势。 若不能察言观色，则不能正确了解对方心理，更不可能说出别人爱听的话。

比如，与你聊天的是一个刚刚失去工作的人，那么，他最讨厌听到的就是与工作有关的话题。 如果你不能了解对方的所思所想，就很可能会说出不得体的话，使对方对你产生厌烦的感觉。这种情况下，切记不可炫耀自己的工作有多么好，而是应该尽力开导和劝慰对方。时下最流行的一句歌词说："心若在，梦就在，天地之间自有安排；论成败，人生豪迈，只不过是从头再来。"应该用类似的话激励对方，使对方重整信心，开创新的事业，还可以讲一些成功人士起起伏伏的人生经历。这样一来，能迅速拉近双方的距离。

韩蕊是个自卑的姑娘，因为相貌平庸，所以她性格内向，不爱交际。一次，韩蕊在百无聊赖的情况下，参加了一场舞会。出于自卑，韩蕊躲在一个不起眼的角落里，不愿与人交流，舞会进行了一半，仍然没有人邀请她跳舞。这一切，都被细心的李波看在眼里。于是，他走到韩蕊面前，彬彬有礼地邀请她跳舞，韩蕊自然非常高兴，十分乐意地接受了他的邀请。一首舞曲结束了，韩蕊仍然处于兴奋的状态中，李波见此情景又说："你跳舞跳得这么好，为什么总躲在角落里呢？你的资质不比任何人差，应该大胆地走出来，要对自己充满信心。这样，你会变得更加漂亮。"韩蕊听后，心中充满了感激之情。就这样，两个陌生人之间的距离仿佛瞬间被拉近了。这就是察言观色、了解他人心理的好处。

2. 把握时机，巧妙插入话题

在与人交谈的过程中，不要轻易放过任何一个结识新朋友的机会。不过，这样做的前提是：要在适当的时候，用适当的话语征服对方的心。其实，把握交谈时机并非难事，只要审时度势，在适当的时机介绍、表现自己，把合适的话题巧妙地插入到交谈之中，让对方充分了解自己，就能拉近彼此之间的距离，培养双方的感情。除此之外，还有可能在言语上引起共鸣，从中受益。

王先生非常喜欢晨练。一天，在晨练过程中，他听到一位女青年在河畔唱歌，歌声悦耳动听。王先生情不自禁地驻足河畔，静静聆听女青年唱歌。片刻后，他很礼貌地对女青年说："你的歌唱得非常好，很有音乐天赋，我完全陶醉在你的歌声里了。"女青年听了之后，高兴地说："谢谢，我是北京音乐学院的学生，已经学习唱歌三年多了。"两人开始了一场由浅入深的交谈，逐渐找到了共同点。于是，他们开始谈对音乐的热爱，还谈到了对进入音乐圣殿的向往。这样一来，不但加深了彼此之间的了解，而且拉近了彼此之间的距离。

实际交往中，与你打交道的人总是多种多样的。这些人中，既有性格开朗的，也有性格内向的。对待这些人，一定要因人而异。对待性格比自己更内向的人，应该说一些比较轻松的话题，如籍贯、天气等，千万不要与对方谈论一些大的哲学道理或是高深的学术问题，这样容易使对方产生压迫感，不利于进一步交流。与性格内向的人交谈，最重要的是营造一种轻松、愉悦的谈话氛围，这样一来，比较容易激起对方的谈话欲望。

无论是与陌生人交谈，还是与熟人聊天，都必须注意选择谈话的内容，要尽量避免容易引起争议的话题，更不要使用尖酸、刻薄的词语。因此，在准备引入某个话题的时候，要特别留意对方的眼神和小动作，一旦发现对方有厌烦、冷漠的表现，应立即转换话题。倘若自己的言语无意间伤害到了对方，一定要马上向对方道歉，请求对方原谅你的无心之失。

3. 交谈还要收好尾

一句温馨得体的告别语，不但能作为一次交谈的完美谢幕，还能给别人留下深刻的印象，使对方产生意犹未尽的感觉，希望下次再与你交谈。例如，谈话结束后，可以在结束语中加入诸如“祝您发财，万事如意”“今天与您结识真是三生有幸，有机会一定找您好好交流”“有什么需要帮忙的事情尽管开口，我一定尽我所能”之类的话语。这些热情洋溢的话语，会使对方受到感染，产生相见恨晚的感觉。当然，对方听到这类话语也会有所回应，说一些相应的暖人心窝的话语，如“听君一席话，胜读十年书”“送君千里，终有一别”“谢谢你的盛情款待”等。如此一来，谈话双方的感情会升华到一个新的高度，日后交往也会更加愉悦顺畅。

总而言之，如果想把话题深入下去，使双方产生共鸣，以上的三点不失为非常有效的办法。

除此之外，与人交谈的时候还应该做到：情要热，语要妙。情热，是指用满腔热忱去对待交谈对象，待人要诚恳，不虚假、不做作、不吹牛、不炫耀自己；语妙，是指说话选词合适，尺度得当，表现出应有的风度。千万不要喋喋不休，不顾及对方的感受，自顾自地说个没完。也不能过分热情，否则，别人会误认为你对他另有图谋，从而对你提高戒备，这对深入话题、引起共鸣有百弊而无一利。

与人交谈时，只有抓住了对方的心，才能把话说得更漂亮、更动听。唯有如此，才能达到我们想要的效果。要知道，一句中听的话，如同一颗善意的种子，在我们的精心呵护下，一定能生根、发芽，直至开花、结果。

转换话题化解尴尬

在与他人交谈时，往往会遇到说不下去的情形。此时如果硬往下说，必然会适得其反，走入死胡同。如果能转换一下话题，引起对方的兴趣，并让沟通气氛变得热烈，就会使交谈进入“柳暗花明又一村”的新境地。

此时，转换话题的目的是为了更好地切入正题，尤其是在双方的意见、条件相距较大，且又都不愿意做出妥协和让步时，转换话题能避免出现僵局。如果已经处于僵持状态，可以通过巧妙地转换话题，先把引发争议的问题放在一边，改变和缓和谈话的气氛，从而使对方在新的融洽的谈话氛围里重新讨论有争议的话题，这是一种以积极的态度扭转僵局的方法。

在日常生活中，当人类的思维处于非常紧迫的状态时，不妨提示一些其他方向的话题，不知不觉中把注意力转移到另一方向去，从而达到扭转局面最佳效果。当对方语气尖锐地逼问时，或是当对方热情地追问某一件事时，运用转换话题的办法，可以在较短时间内转移对方的注意力。比如：小孩子吵着要玩具，大人不知道该怎么办时，可以突然指着天空说：“快看飞碟。”这样就可以转移孩子的注意力。再比如：在谈判或会议中，若想使自己的主张或意见通过时，采用转换话题的方法便有可能使人附和自己的话，而且对方会毫无抵抗情绪地接受。

某位老师悉心研究中国古典文学，出版了一部近20万字的书。这个学校的文学社小代表到这位老师家进行采访，请这位老师介绍一下写书经验。这位老师面露难色，认为只是一个专题学习，根本谈不上什么经验，没什么好说的。小代表似乎看出了什么，此时他抬头看着墙上的隶书说：“老师，这隶书是您写的吧？”

老师：“是的，没事就想写写！”

小代表：“那么，您能否谈谈隶书的特点呢？”

这恰是这位老师感兴趣和愿意谈的话题，师生之间的气氛逐渐变得融洽起来。

这时，小代表不失时机地说：“老师，您对隶书很有研究，我们以后还要请您多加指导。不过，我们现在非常想听听您是怎样写成这部书的。”此刻，这位老师深感盛情难却，也就只好介绍一下了。

从这个故事中可以看出，当某个话题不能引起对方的兴趣时，要有针对、有选择地谈及新的、适应的话题，以激起对方的谈话兴趣。比如同运动员谈心理与竞技的关系，与外交人员谈公共关系学，这样双方一定能一拍即合，谈兴大发。

转换话题可以让你更好地达到目的，既可以活跃气氛又可以达到目的，何乐而不为呢?

转换话题的时候，还要注意一定要在适当的时机将话锋引入正题。因为转换话题只是给谈正题打下基础，而非交谈的真正目的。所以，当所转换的话题谈兴正浓，双方感情沟通达到一定程度时，谈话者要适可而止，将话锋转入正题。在人际交往中，有时为了更好地脱离困境，也可以运用话题转换的技巧。

小仲马是一个极富幽默感的作家。一次，一个难缠的家伙想知道小仲马最近在做些什么，小仲马回答道："难道你没有看见?我在蓄络腮胡子!"

对方问话的原意是想知道小仲马最近在做什么，并不是想打听小仲马是不是蓄络腮胡子，但是小仲马巧妙转换话题，用一句看似随便的回答，轻松地摆脱了对方的纠缠。

世界知名富翁约翰·洛克菲勒在平时的开支方面很节俭。一天，他到纽约一家旅馆住宿，要求住一间最便宜的房间。旅馆经理巧言相劝道："先生，您为何要住便宜的小房间呢?您儿子在住宿时，可总是挑最豪华的房间呀!"

洛克菲勒答道："不错。我儿子有个百万富翁的父亲，可我没有呀!"

在经理的问话中，略有微词，好像洛克菲勒是小气、吝啬的人。但洛克菲勒从容镇定，将自己是否有钱的问题巧妙地变换成父亲是否有钱的问题来回复，不仅道出了创业者的真实品质，也没留下刻意省钱的痕迹，从而顺利地摆脱了困境。

运用巧转话锋的技巧可以使你从窘态中解脱。因此，当你遇到一些难题无法作答时，你也可以巧换话题，分散对方的注意力，瓦解其攻击力。

有一个旅行社的导游带团到某一历史名城参观。游客问："请问有什么大人物出生在这个城市吗？"导游一下子茫然了，因为他根本不知道。不过他灵机一动，非常机智地耍了个小花招，说："先生，这个城市里出生的都是婴儿。"旅游团的成员哈哈大笑。

身为一个导游，陪同参观团游览古城，却连古城历史上有哪些名人都不知道，这原本是一件很难堪的事情。但这位导游却使用了一个语言上的小技巧，巧转话锋，避免了尴尬。

在很多的场合下，都需要谈话者掌握转换话题的技巧，尤其是在商业性的谈判中，应主动转换话题，以把握谈话的方向。例如，在下面几种情况下需转换话题：对谈话内容不感兴趣，觉得枯燥乏味；不同意对方意见，又不愿与之争论；谈话中一个话题谈完，出现冷场；失言或者是其他的尴尬处境等。

戴维正在和商店店主汉森谈订单的事。

汉森："别烦我！我再也不想买你们的产品了。"

戴维："为什么？"

汉森："对不起，我们换个时间再谈，好吗？"

此时难以再作解释，戴维认为还是先离开为好。

几天之后，戴维又转回来了。

"汉森先生，今天我不是来推销什么东西的，而是来请问您能否抽出点时间和我谈一谈。"

汉森犹豫片刻，说："嗯……好吧，什么事，快点说。"

戴维说："我们单位想在皇后新街开一家公司。你对那个地方的了解程度和住在那里的居民一样，因此我来向您请教一下你对这个问题的看法及想法。"

汉森说："请坐，请坐。"这位店主有了被高度重视的感觉，对戴维以礼相待了。

戴维向汉森详细介绍了皇后新区置业的特点以及优势，同时又向汉森托出购买产业、经营的全盘计划，最后居然还把他们夫妇不和的情况也向汉森进行了一番倾诉。终于，当戴维离开时，不仅与这位建筑业大王建立了友谊，而且还成功签订了一笔订单。

像汉森这样的顾客，心里总会这么认为：这些推销员就是想让我买东西。所以，推销员在推销的时候应当讲究一定的策略，当此路行不通的时候，那么这时就需要转换一下话题，然后再适时切入正题。

下面这个例子也是很值得借鉴的。

一个大学毕业生去见一位总经理，试图向这位总经理推荐自己到该企业工作。可是，这位总经理见多识广，性格比较固执，根本就没把这个乳臭未干的小伙子放在眼里。没说上几句话，总经理便以不容商量的口吻说："不行。"这个机智的小伙子眉头一皱，计上心来，想通过转换话题来扭转局面。他若无其事地轻轻问道："总经理的意思就是贵公司人才济济，已经完全足以使公司达到成功，敝人纵有天大的本事，也不会被贵公司加以录用，不如拒之千里之外，是吗?"他说到这里故意停顿了一下，只是微笑着并用目光直视总经理。他们沉默了一两分钟，总经理终于大开金口了："你可以将你的经历、看法观点以及计划告诉我吗?"

小伙子又将一军："真是太抱歉了，刚才我真是太冒昧了，请您多加包涵。但像我这样的人还值得一提吗?"说完，小伙子便将自己的学历、经历、对企业经营发展规划的看法等系统地告诉了总经理。总经理听完他的话后，态度一下就转变了，逐渐由严肃转变为慈祥。临走时，总经理跟他说："小伙子，我决定录用你，明天来上班，请你保持热情和毅力，好好干吧!"这位小伙子在"此路不通"时，能够灵活地随机应变，转换话题，从而使自己转败为胜，达到了最终的目的。

语言是人类表达思想感情、进行交流沟通的重要工具。一位颇具语言表达能力的人，多数会是事业上的成功者。所以，在与人交谈或谈判时，要学会运用转换话题的方法。这样在遇到尴尬或困境时，不仅能化解尴尬，还可使谈话继续下去，使交流出现"柳暗花明又一村"的局面!

让别人接受你的最好方式是真切赞美

只有别人接受了你，你才能用个人魅力去影响其他人，赞美能够让别人接受你。

表扬一个人就像用灯光照亮了他人漆黑的夜晚，也让自己心境澄澈，可以展现出你的美德并有助于维护彼此的友情，还能消除交流时双方的埋怨和仇恨。最重要的是，你可以借此先靠近对方，然后再影响别人。

对待年轻人，完全可以稍微夸张地赞赏他的创造力；赞扬领导干部，可以说他鞠躬尽瘁，尽职尽责；对文化人士而言，可以赞赏他们具有渊博的知识、高风亮节……前提是这些要有事实依据，千万不能过于夸大。

要真心实意地赞美别人，尽管人们都乐于听到赞扬的言语，但不是所有的赞美都会让人高兴。虚伪的赞扬反而让人觉得不自在。如果你遇到一个长相普通的女子，却讨好地说："你很漂亮。"对方会觉得你说的言语是违心之话。可是当你着眼于她的谈吐、动作和装扮，发现她其他的优点并加以赞赏，她一定欣然接受。

发自内心的赞美不仅会使被赞美者身心愉悦，也会让你善于发现他人的优点，还能让自己发现美好，怀着发现美的心可以让生活更美好。

表达赞美的时候尽量具体点。不是每个人都有显著的成就，大部分人都是平凡的。交流中要从一些具体的事例着手，即使是别人不显眼的优点我们也要积极去挖掘，同时不要吝啬自己的赞美之词。赞美得越具体，说明你越关注对方，你的赞美也显得更真诚可靠，让人觉得你是可以信赖的，那么你们之间的距离自然而然就会逐渐缩短。假如你只是笼统地夸奖对方“你做得很棒”“您真是高瞻远瞩”等，很可能会让对方觉得不安和怀疑，甚至会让人产生误解。

赞美要适当。应张弛有度地把握赞美的效果，如果能够做到“美酒饮到微醉后，好花看到半开时”，就能提高你的影响力。

如果别人有什么计划要实施，在开始的时候赞美能够成为他的动力，过程中的赞美能够让他坚持，完成以后的赞美可以对他表示肯定，指出前进的新方向，达到“赞扬起到实效”的良好结果。

虽然锦上添花很好，但是如果能雪中送炭就更有诚意了。俗话说：“患难见真情。”真正需要赞美的并不是那些早已成功的人，而是那些正面临困难的人。他们一般听不到鼓励，如果能听到别人肯定的话，会使他们振作，有更高的志向。因此，真正的赞美是“雪中送炭”，而不是“锦上添花”。

第二章

说话有分寸，就会受欢迎

凡事不把话说绝

当有矛盾以后，不管是谁心里都会不舒服，极易失态，随口说了错话。一时说了狠话，也只是暂时感到痛快，而自己的名声和相互之间的关系则受到了伤害。无论有多大的矛盾，我们也要有一个最基本的底线，不要把话说得太绝，应给彼此台阶下。

一个客人在一家卖场买了件衣服，希望退掉它。之前，她穿过一次这件衣服还洗了，但她却说“我肯定没有穿过”，并强烈要求退货。

售货员看了看衣服，干洗的痕迹十分明显。如果直接提出这个观点，顾客肯定不会直接承认，因为她之前说了“肯定没有穿”，同时还仔细地处理过了。

售货员见此情形，说：“我觉得会不会是你的家人不经意间把衣服送到干洗店了，我之前也有类似的情况发生。有一次，我把新衣服和旧衣服放一起了，我老公不知情，就把新旧衣服同时丢进了洗衣机。你可能也遇到这种情况了，很容易就能看出这衣服干洗过了。你要是不相信，可以比较一下。”

在证据面前，顾客无话可说。售货员已经站在她的立场考虑，让她有个台阶下了。她顺着台阶下来，把衣服收走。

如果售货员直接揭露顾客的想法，并坚持说对方骗人，就让彼此无路可退了，接下来的场景可能十分尴尬。人们常常吃软不吃硬，尤其是一些性格十分刚烈的人。如果你来“硬”的话，他就会比你更加强硬；如果你说话“软”，他也不忍心，就会改变自己说话的语气。

有时候人们会说：“这种情况下，我本来就不想和他继续当朋友，说绝就说绝。”值得吗？一时的矛盾并不意味着绝交。

和平的分手并不会影响以后的和好。有时候绝交并不是因为彼此的感情彻底破裂，大部分是因为有误会。如果相互之间都用比较友好的态度，别把话说得太绝，总有一天误会会解除，彼此的关系还能修复，友谊还会开花结果。

但有的人不理解，只要和别人闹矛盾就争吵起来，与人针锋相对，互相谩骂争吵，不给双方留任何退路。这样虽然痛快一时，但在痛骂对方的时候，也显得自己一无是处。其他人会从这件事发现，此人是这么刻薄，从来不留后路，行事如此冲动。

在发生矛盾时保持冷静，从侧面体现了一个人高尚的道德情怀。一般来说，一个人的度量很难判断。但和别人有矛盾后，你是如何反应的，也就洞若观火了。只有品德高尚的人，才能保持冷静，理智地面对，不轻易说狠话。善意地阻止相互之间进一步受到伤害，也展现了自己的诚意。

说服别人，要击中“要害点”

在说服别人这方面，福特说过：“关于成功的秘诀，那就是站在别人的角度思考，站在他人的角度思考。”这样你才能和对方进一步沟通，才能真正地体会到别人的想法和他们的“要害点”，然后针对目标，切中“要害”，就更可能说服对方。

也有人说过，如果想自己的话更容易被接受，并让别人照你说的做，你就要先让别人喜欢你，不然你会失败。如果你没有站在别人的立场考虑问题，怎么让别人喜欢你？交流时，不顾及对方的想法，又或是随便找一些借口来搪塞，会让事情变得更困难。上下属常有争吵，通常都是因为从未站在彼此的立场上考虑。要从对方的角度来看待问题，这确实是件困难的事。

有一个职员经常在办公室抽烟，他之前还下定决心要戒烟，仅仅坚持了一个月，又忍不住了。他的上司说：“不是要戒掉吗？你怎么又抽起来了？”如果上司能换一种语调："戒烟可难了，你已经持续这么久，这可不容易啊！"下属听了自然会感到愧疚，会更下决心，一定要把烟戒了。

后一种语调更容易被职员所接受，因为上司是站在职员的角度思考，也知道戒烟很困难，偶尔抽一次，也是正常的。这样不仅给职员提供了个台阶下，也使职员更有决心改正。

有这么一家电视台，有一档探讨人生的节目，收视率高于其他同时段的节目。为什么收视率会这么高？因为节目里嘉宾在谈话中展现出的说话技巧深受观众喜欢。

有的人很难说服，要想说服他，首先要让他认为你是站在他的立场说话。这档节目的观众群体中，大多数是离婚人士。而面对离婚问题，节目里的嘉宾一般会说："假如换作是我，那我就不会怪罪他，不会和他分手。"

不要以为"假如换作是我"只是简单、没有任何意义的一句话，它所发挥的作用是不可忽视的！这是因为大家都觉得"最优秀的是自己"。

不要在别人面前夸耀自己

田雷是一家外企公司的销售人员，由于运气好又有些小聪明，取得了一些小成就，老板因此给他加了薪、升了官。可是，他与同事的关系却非常差，公司里没有一个人愿意与他合作。原因是他过于自大、骄横，喜欢贬低别人抬高自己。

有一次，一位同事向他请教销售技巧，他张嘴便说："你怎么那么笨啊！来公司都快一年了，还只是个小小的销售人员。你看我，早升职了。"同事听后很是气愤，但他压住了怒火，好心劝说田雷："你不能这样说话，如果你对客户也这样说话，那么你的前途也就到头了。"田雷不屑一顾地说："你有什么资格说我，你是嫉妒我吧！"同事见状选择离开。后来，同事们都知道了田雷的这一毛病，再没有人愿意搭理他。不久，田雷就向公司领导递了辞职信。

不论是与同事交谈、出席社交场合还是与亲人聊天，都要注意一些话语禁忌，这样才能把话说得更好，让别人更容易接受。千万不要像田雷那样，到头来只能自食恶果。因此，在与人交谈时，要注意以下几个方面：

1. 不揭别人的隐私，不做无谓的争辩

随便揭露别人的隐私，不但会损害别人的声誉，还会将自己卑劣的人格表现得一览无余。世界上没有十全十美的人，所以在说话的时候要格外注意。

事情往往具有多面性，而自己知道的那部分未必是事情的真相，也不一定可靠，所以，不要到处宣扬。不然，很可能给自己招来许多不必要的麻烦，到那时再后悔，就已晚矣。

在日常生活或工作中，遇到一些纷繁琐事是在所难免的，没必要与人争论不休。生活琐事与哲学不同。哲学界为了某一问题争论一个甚至几个世纪，是常有的事，其目的是追求真理，给人类留下宝贵的文化遗产。而为生活上的琐事争论，往往为的是个人面子，将二者对照来看，后者不免有些小题大做。

为了一些小事争论，没有任何好处：

（1）伤害了别人的自尊，影响了个人形象；

（2）使自己养成挑剔的毛病；

（3）会使自己变得骄傲自大；

（4）会破坏原有的人际网。

尊敬别人是谈话艺术的必要条件。单单为刁难对方，逞口舌之快，于人于己都无好处。如果不愿别人损害自己的尊严，就不要伤害别人的自尊心。

常言道：“要想别人尊敬你，必须先尊敬别人。”

2. 不用强硬语气给别人纠错

一个人在做错事或做了亏心事后能否纠正，关键在于这件事是不是从自己口里说出来的。如果自己心甘情愿将过错说出来，这一错误很可能得到改正。倘若是由别人指出来的，那么在被人指出的情况下，当事人很可能为自己辩护。

纠正别人的错误时，要讲究方法：

（1）要持同情的态度。不要对别人吹毛求疵，要对别人的过错予以谅解，从而展现出自己的大度胸怀。

还要注意的是，说话要温和。“你真糊涂，这件事完全弄错了！”这样具有刺激性意味的字眼最好不要用，听者会产生抵触心理。因此，要用一种温和的态度来表达。

（2）想要改变对方的主张，最好使对方觉得是自己改变了原有想法，而不是由别人指出。对于那些固执的人，应该站在朋友的立场上，给予恳切、正确的指正，让他知错而改，严厉责备的结果只能是适得其反。纠正对方的时候，有些人喜欢用命令的口吻，这样不但效果不佳，反而还会得罪一些人，因此，最好是用征询式的语气。

比如，同样的意思，“你不应该用红色！”和“你认为不用红颜色是不是会更好一点呢？”这两种不同的说话方式产生的效果自然不同。

3. 不要说自夸性的话

千万不要自吹自擂，要谦逊。也许你自认为了不起，但别人可能认为没什么大不了。喜欢自夸的人，间接地为拓展人际关系制造了障碍。别人表面上对你恭恭敬敬，背地里却会指责你不会说话。在取得某些成绩时谦虚一点，这样也许能让别人说出赞赏性的话。

总而言之，不要在别人面前夸耀自己的成就和财富。

说话要符合时间、场合及身份

人们常说“到什么山上唱什么歌”“什么身份就该说什么话”。《战国策》曾经记载过这样一个故事：

卫国有一家人去娶新媳妇，这新媳妇一边上马车，一边唠叨个不停：“车辕两边的马是谁家的呀？”赶车人说：“是借的。”听到这话，新媳妇赶忙对驾车人说：“轻点打它，别猛抽那驾辕的马！”

马车走到婆家门口时，伴娘搀扶着新媳妇下了车，新媳妇又指手画脚地对伴娘说：“做完饭，要把灶里余火弄灭，不然，会失火的！”

刚进门，看见石臼摆在当路的地方，她又连忙说：“快把它搬到窗户下面去，在这儿会妨碍走路的！”

知道这件事的人，都笑话她。

从上马车到进婆家门，这位新媳妇一共讲了三次话。从这三次讲话的内容来看，都是很有道理的，而且非常重要：第一次，嘱咐赶车人不要猛打驾车的马，因为马是借来的，应该好好地疼惜；第二次，让伴娘把做完饭后的余火熄掉，新婚之夜，宾客乱纷纷的，稍有不慎，引起火灾就不妙了；第三次，指使仆人将妨碍走路的石臼搬到窗下，以利行人往来。可是，人们为什么要笑她呢？原因在于她说这些话时没有考虑具体的场合与身份。她的三番话，若是在娘家说，人们会觉得她很体贴家人、懂事明理；如果是婚后三天说，人们会称赞她是个善于持家的好媳妇。依照旧时的风俗习惯，新媳妇进门三天之内是不能多言多语的，更何况是在新婚之日呢？所以，虽然新媳妇的话说得合情合理，但因所处的场合与身份不同，受到了别人的嘲笑。

由此可见，时间、场合和身份对说话效果有着很重要的影响。所以，我们的话语应该与时间、身份相适应，根据不同场合的需求把握力度。根据不同的情况，将场合分为多种类别，每一类别对说话的风格都有不同的要求。

场合有正式和非正式之分。正式场合指公共活动的场所，如课堂、会场、办公室等，这种场合说话应严谨、公正。非正式场合指日常交往的地方和娱乐场所，如家庭、商店、街头、饭店、电影院、舞厅等，这种场合说话可以随意一点、轻松一些，平易、通俗、幽默、风趣，但忌摆官架子。

场合还有高兴与悲伤之分。喜庆场合一般指婚宴、节日、联欢会等，这种场合说话应轻松、明快、诙谐、幽默，有助于增加欢乐的气氛，让人不高兴的话千万不要说。有个小伙子去参加朋友的婚礼，新娘新郎来敬酒时，小伙子见身着婚礼服的新娘比平时俏丽得多，便说：“你今天真是‘面目全非’。”接着，又对新郎说：“来，让我们‘同归于尽’。”顿时让宾客们哑口无言。其实，不光这毛头小伙子说话不分场合，在这方面，梁启超也有过失误。

1926年，徐志摩和他相恋三年的女友陆小曼结婚，梁启超担任证婚人。因徐志摩和陆小曼的结合是婚外恋的结果，梁启超不甚认同。于是，在婚礼致辞时，就训了他们一番。

他说：“徐志摩先生这个人性情浮躁，所以，学问上难有成就。其次，用情不专，以致离婚再娶……从今以后，要痛改前非，重新做人！你们两人都是离婚而又再婚的人，要好好悔悟！好好过日子！”

听了这段致辞，徐陆二人面红耳赤，宾客们也面面相觑，不明白这梁公怎么会在人家的婚礼上说出这么一段话来。

梁启超的婚礼致辞为什么让大家尴尬？原因很简单，就是他在致辞时没有注意区分场合。梁公作为学者名流、徐志摩的前辈，平时劝解徐志摩几句是理所应当的。可是，在人家结婚的大喜之日，当着那么多人的面，说出这种训诫的话来，实在不妥。

有伤、病、亡者的处所称为悲伤场合。在这种场合说话，忌讳很多。比如，去病房探望病人，一定不要说“死”“好不了啦”等听着让人不痛快的话。话虽如此，但很多人却没有放在心上，有位朋友就遇到过这样一件事：

一次，她生病住进了医院。其实，也不是什么大病，只不过是有点拉肚子。她的一位同事在她住院的第二天去看她。见了同事，她很高兴，觉得这位同事把她当朋友看。谁知，聊了一会儿之后，她郁闷极了。原来，该同事告诉她某某人开始拉肚子，后来一查是肠癌，不久便死了。

说者本无意，听者却有心。所以，说话一定要正确区分场合，不要说和场合不符的话。

交谈时要避开他人“雷区”

在中国，素有所谓“逆鳞”之说。 每个人身上都有“逆鳞”，只要我们不触及对方的“逆鳞”，就不会惹祸上身。 所谓的“逆鳞”，就是我们所说的“痛处”，即缺点、自卑感。 因此，在交往之前，应找到对方的“逆鳞”，以免有所冒犯。

世间有很多种性格类型。 我们说左他说右，我们说右他又偏要说左，这种永远和别人唱反调的人有很多。 即使不这么偏激，也有人总是坚持自己的立场。 或明明知道自己的意见是错误的，仍固执己见。 也有人顽固地认为，只有自己的做法和想法才是天底下最正确的。 当然，也有掩藏自己心底的企图以试探对方的心意，不惜唯唯诺诺、奉承拍马屁、迎合对方口气的人。

触人痛处，无疑揭人伤疤，其结果当然是“两败俱伤”，得罪了别人，自己也得不到好处。

这个“雷区”，会说话的人自会避开，不够灵活的人则会踏入这个可能让自己毁灭的地方。

换位思考，将心比心

主动调整自己的态度和行为方式，是达到目的的最有效的方法之一，我们可以称这种方法为将心比心。

下乡知识青年小璐和农民小李相识并结婚，还生了个女儿。后来，小璐与昔日的恋人重逢，欲重修旧好，又举棋不定，于是，她向奶奶寻求帮助。

“你的事，奶奶全知道，现在你打算怎么办?”

“我不知道，我……没主意……”

奶奶说：“奶奶知道你委屈。人这一生，谁能没有委屈。我 24 岁那年，你爷爷就牺牲了，本家本村的都劝我再找个主儿。你曾爷爷跟我说：‘女儿，日子还长着呢，往前看看吧。’我不愿给孩子找后爹，就咬紧牙挺过来了。儿子一个个长大，参了军，又一个个地牺牲，可我没在人前掉过一滴眼泪。人活着，就是为了别人去受苦、去受难，天底下哪有那么多幸福？还是先委屈一下自己吧！”

“可以后的路我该怎么走下去啊?”

“做人哪，一半时间想想自己，另一半时间想想别人。你和那个小伙子倒是挺般配的，可就算你俩成了，日子过得挺舒心，你就能保证不想小李和女儿吗？那时，你虽吃着蜜糖，但却忘不了别人正在喝苦水。你甜在嘴上，苦在心里，甜的苦的掺在一起是一辈子的心结。我今年80岁了，什么苦都尝遍了，可从没做过一件亏心事。俗话说，‘人’字好写，一撇一捺，真正做起来就难了!”奶奶说的话句句动人心。

“奶奶，我懂了，”小璐擦了擦眼泪说，“我今天就回家安安心心地和小李过日子。”

奶奶的劝说语重心长，而且站在小璐的角度，设身处地地为她分析情况，从而使小璐做出了正确的选择。

用语言做假设，可达到将心比心的目的；用实际行动设身处地地体验别人的心理，从而调整自己的言行，同样可达到将心比心的目的。

某商店有位营业员很会做生意，营业额总是高出其他营业员的平均水平。有人问他：“是不是因为能说会道，所以生意兴隆?”他回答说：“不是，我的秘诀是把顾客当成自己。”他总是站在买者的立场上替顾客精打细算，现身说法，消除了顾客的戒备和防范心理，并使顾客产生了与其一致的认同感，故而说服了顾客，做成了生意。

将心比心是指替对方思考和谋划，理解对方的心理、需求和困难。因此，这种说服方法容易使对方接受，并能与之达成共识。

永远站在别人的立场上思考问题，并从对方的观点去看事物的趋向，如果懂得这一道理，就会成为你一生事业成功的一个关键。

要说服对方赞同你的观点，就必须站在说服对象的角度上。两者的关系越融洽，说服越容易成功，这是基于人类的共同天性，即喜欢听“自己人”说的话。美国纽约市立大学的心理学家哈斯说过：“一个酿酒专家能给你解释为什么某一种牌子的啤酒比另一种牌子的好。但如果你的朋友——也许他并不懂啤酒——教你选购某种啤酒，你也很可能听取他的意见。”

此外，在具体行动上甚至某些细微的方面，例如，在感情上表现出对你的听众的亲近感与认同感，往往会使你与听众产生情感上的共鸣。一旦建立了这种情感共鸣，就不需要任何苦口婆心的劝诫与说服了。

第三章

把话说得好，更要说得巧

掌握与人说话的技巧

初次见面，双方互不了解。如果不注意讲话的一些基本要领，陌生人之间是较难交谈起来的。

同陌生人讲话，就像寓言中太阳和风的态度一样，温和友善使人亲近，缺乏起码的礼貌只能使人退避三舍。两个陌生人之间，开始讲话时友善相待，双方的讲话气氛总会逐步融洽起来。

1. 见微知著

交谈前，你应使用多种方法，尽可能地多了解对方，再分析研究种种细微信息，由小见大，由微见著，作为交谈的基础。

讲话时务必看清对方，以他的爱好、个性、文化及心境为出发点。初次见面要做到这一点，就要见微知著，由细微处见品行。

有一次，白先生去拜访一位陌生人，他见对方玻璃板下压有“制怒”二字，便猜测此人想克服易怒的缺点。于是，白先生与他谈了一些古今名人制怒而成大事的实例，双方一下子拉近了距离，颇有相见恨晚之感。

2. 适时切入

看准形势，不放过说话的恰当时机，适时插入交谈。适时地“自我表现”，能让对方充分了解自己。陌生人如能从你切入式的谈话中有所收获，双方会更亲近。

3. 借用媒介

寻找媒介，引出共同语言，缩短双方距离。如你见一位陌生人手里拿着一本厚书，可问：“这是什么书？这么厚！您一定十分用功！”通过媒介引发他人表露自我，交谈也会顺利进行。

如果陌生人比你害羞，你就更应该跟他先谈些无关紧要的事，如天气之类，让他心情放松，以激起他谈话的兴趣。

和陌生人谈话的开场白结束之后，要特别注意话题的选择，尽量避免容易引起争论的话题。所以，当你选择一个话题时，要善于察言观色，一旦发现对方有厌倦、冷淡的情绪时，应立即转换话题。

学会招人喜欢的技巧

中国素有文明古国和礼仪之邦的美誉，在物质生活丰富的今天，更加重视精神文明。在人与人的交往中，如果都能注重文明礼貌，大家的交流会更加顺畅，心情也更加愉悦。

在生活中，只要我们随时注意说声“请”“对不起”“谢谢”，就能减少很多不必要的摩擦和误会。

你当然明白这些字眼的意义，但是什么时候说合适呢？

身边的同事上班时为你倒了杯茶，你立即说：“谢谢！茶梗还浮在上面，新泡的吧？你倒的茶特别香。”对方必是无比欢欣，心想以后就是一日泡三四次也是心甘情愿的。

曾听朋友讲过这样一件小事：

> 有一天，几个刚从大学校园毕业的年轻女孩到百货公司购物，在上厕所的时候，正好碰到清洁工在打扫卫生，其中一人随口对那位瘦弱的清洁工说：“辛苦你啦！”这位清洁工竟激动得看着对方的脸说：“谢谢！您真是个好人。”

朋友感慨道：“也许从她上班那天起，还未曾有人对她说过‘辛苦啦’，大部分人只想到她是个扫厕所的工人，甚至嫌她脏。而一句简单的‘谢谢’，足以让她欣慰，让她感到温馨，让她受到肯定与鼓舞。”

有人曾做过一次问卷调查，访问送报者何时最快乐。其中，20 人称领薪水时最快乐；而 70 人答道：当顾客说“辛苦你了”时最感欣慰。该调查体现了感谢的巨大力量。

我们请求别人做一件事时，最好说：“辛苦你了！因为你的帮忙，让我受益匪浅。”

我们如果不知恩图报，反而说：“什么？办事效率这么低，既然答应帮忙又为何拖泥带水？”这么一来，即使对方有意克服困难，助我们一臂之力，见此情景亦会心灰意冷，心想：“谁会再帮这种人的忙？”

其实，不管我们心情是否愉快，多说“辛苦了”“谢谢你”之类的话语，总不会惹人厌烦，说不定看到别人脸上的微笑，我们就会因此而快乐了。

当我们把麻烦和不便带给别人时，一句“对不起，实在是我自己不小心啊”或“对不起！我并非故意的，请见谅”，大概就可大事化小，小事化了，避免惹些意外的纠纷。

在别人道谢时说“别客气”，往往代表着对对方的尊重，若因此而引起别人对你礼貌周到的好感，不也是意外收获吗？

学会实话巧说

实话如何才能做到巧说？ 怎样才能既让人听了顺耳，又能使人欣然接受呢？ 下面介绍几种方法：

1. 由此及彼肚里明

两个人意见不一，如果实话实说，或者直接反驳，会有伤友谊。 这个时候就需要采取这种方法，以避免纠纷。

一次事故中，主管生产的副厂长老马左手指受了伤，在医院接受治疗。厂长老丁来病房看望时，谈到车间小吴和小齐两个年轻人虽然技术水平较强，但不受纪律管制，想让他们下岗。老马当时没有表态，只是猛地抓着手指大叫。丁厂长忙问："疼了吧？"老马说："可不是，实在太疼了，干脆把手锯掉算了。"老丁一听忙说："老马，你是不是疼糊涂了，怎么能因为手指疼就锯掉手呢？"老马说："你说得很有道理，有时候，我们看问题往往会有些片面。老丁，我这手受了伤需要治疗，那小吴和小齐……”老丁马上明白了，忙说：“老马，谢谢你开导我，这事我知道该怎么处理了。”老马把手有病需要治疗类比为人有缺点需要改正，进而巧妙地把用人和治病结合起来，不仅没使老丁为难，还维护了团结，成功地解决了问题。真是非常机智！

2. 抓心理达目的

这个方法更注重心理的揣摩。与人交谈时，要学会洞察对方心理，在掌握对方想法的同时对症下药，从心理上攻破对方防线。

一位穿着华贵的夫人走进时装店，她看中一套时装，但又觉得价格昂贵，犹豫不决。这时，一位营业员走过来对她说，某某女部长刚才也看好了这套时装，也因为贵才暂时没买，刚刚离开。于是，这位夫人当机立断去付了款。这位营业员能让这位夫人买下时装，是因为她很巧妙地抓住了这位夫人“英雄所见略同”和“部长嫌贵没买，她要与部长攀比”的心理，巧妙地达到了让那位夫人买下时装的目的。

3. 藏而不露巧表达

用含义较多的词，委婉地表态。

林肯当总统期间，有个朋友向他引荐某人为议员，因为林肯对这个人的品行不满，所以一直没有同意。一次，朋友质问他原因。林肯说：“我不喜欢他那副‘长相’。”朋友一惊道：“什么！你未免太严厉了吧，长相不是他能改变的呀！”林肯说：“不，一个人超过40岁，就应该对他那副‘长相’负责了。”朋友当即领会了话外音，再也没有说什么。很显然，两人所说的“长相”，根本不是一回事。林肯巧妙地利用词语的歧义性，道出了“这个人品行道德差，我不同意他做议员”这句大实话，在维护友谊的同时也达到了自己的目的。

实话婉说，直话巧说，是讲话的最高境界。一个人如果能达到这一境界，即使再复杂的人际关系，也能轻松应付，即便再难处理的问题，也变成小菜一碟。

婉转表达，说服更有效

想要达到说服人的目的，不要过早地透露自己的真实意图，有时需要绕道而行，聊些对方感兴趣的话题，然后再按照预定方案实施自己的计划，这样成功率更高。倘若开始就与对方展开“唇枪舌剑”，单刀直入，往往会遭到拒绝。

伽利略年少有为，他年轻时就下定决心要在科学研究上有所突破，并希望得到父亲的支持与赞许。

一天，他对父亲说：“父亲，我想向您请教一件事，为什么您选择了母亲？”

父亲简单地说：“我喜欢她。”

伽利略又说：“您只愿娶母亲？”

父亲说：“是的，孩子，我向老天发誓。当时家里希望我娶一个贵妇，可是我对你母亲情有独钟，不愿意与其他女人结婚，你母亲当年是一位姿色动人的姑娘。”

伽利略继续说：“确实如此，你只娶你爱的人。可是，父亲，我现在也陷入了同样的处境。我只喜欢科学，除了科学以外，我无法从事其他行业。我认为，其他职业对我来说没有任何意义，难道父亲要我违背我的内心吗？科学是我今生最为热爱的行业，也是唯一的追求，我对它的爱胜过其他所有行业，凡人皆愿成家，哪怕是最穷的人，都想过自己的婚事，可我却只想与科学为友。我不曾与人相爱，我想今后也不会，我只愿与科学为伴。当人们问及婚事，我就感到羞臊。”

父亲没有说什么，陷入了思考。

伽利略继续说：“亲爱的父亲，我自信有能力为科学做贡献，为什么不让我去实现自己的愿望呢？我有决心能成为一个杰出的学者，并获得教授身份。有了这份工作，我一定会比别人活得更幸福。”

父亲说：“可是我无法给你提供资金支持。”

伽利略充满期待地说：“父亲，您听我说，许多贫困生都是靠领取奖学金来读书的，这钱是官廷给的。能否为我申请一次呢？您在佛罗伦萨有那么多朋友，他们对您也是十分尊敬的，如果去请他们帮助，我想一定会有人帮我的。如果您能够到官廷去为我办这件事，公爵的老师奥斯蒂罗·利希会告诉你我的能力。”

父亲被伽利略的话说动了：“嗯，我尽力支持你。”

伽利略抓住父亲的手说：“我求求您，您一定要想尽一切办法，这关系到我的一生，我以人格向您保证，我会成为优秀的科学家的，并以此来报答您。”

最终，伽利略借助父亲的帮助，实现了自己的理想，成了一位令世人瞩目的科学家。

那么，说话时应如何婉转表达，又怎样才能实现自己的目的呢？ 以下几点可供参考：

1. 先讲些其他不相关的话题

许多人喜欢单刀直入，认为这样最有效，殊不知，并非任何人都适合这种说服方式，要因人而异。 现实生活中，许多人会排斥他人的直言，认为那是一件丢面子的事。 如果说服方能采取正确的说服方式，往往更容易说服对方。

在说服别人时，先讲些无关主题的话，便可帮助人们实现说服目的。 它不但可以降低被说服者的防范意识，还可以使交谈双方产生共鸣，为实现目的奠定基础。

2. 推彼及此

在闲谈过程中，多谈及两人的共同爱好，让对方感觉你们之间有许多共同的特质，从而产生共鸣。 这就意味着你离成功不远了。

用事实说话

如果想让顾客购买产品，光让顾客看商品或进行简单的演示是不够的。有一位优秀的空调营销员，他从不口若悬河地向顾客介绍产品如何如何的好。因为他明白，人并非完全因为东西好才想购买它，而更重要的原因是因为需要它，同时也觉得不错，所以才会购买它。如果不需要的话，东西再好，顾客也不会买。因此，他在介绍产品时并不是说“这般闷热的天气，如果没有冷气，我们会忍无可忍”之类刻板教条的介绍语。而是把有购买意向的顾客，当成刚从炎热的烈日下回到一个没有空调的屋子里：“您在炎热的烈日下出了一身汗，当您打开家门，迎接您的却是一个更加闷热的蒸笼。您刚刚擦干脸上的汗水，可是额头上又渗出了新的汗珠。您打开窗子，迎面吹来的是阵阵热风；您打开风扇，仍是热风吹面。这使疲劳的您更加烦闷。如果您一进家门，迎面吹来的是阵阵凉风，那是多么美妙惬意啊！”

优秀的营销员都明白，在介绍商品的时候，不能只是一个劲地说商品的性能是如何的好，因为这样做，顾客可能仍不会动心。 要使顾客产生购买欲，还必须在事实的基础上勾画出一幅梦幻般的图景，使商品散发出光芒四射的魅力。

使用这种描述方式必须注意以下几点：

1. 不要描述没有事实根据的虚幻景象

我们描述商品，目的是使商品或服务锦上添花而更吸引顾客，而不是描述一些毫无事实依据的虚假的景象来引起顾客的反感。

2. 以具体的措辞描述

只介绍“物美价廉”是不够的，还应具体描述一下物到底美到什么程度，价又廉到哪种地步。

3. 以传达感觉的措辞来描述

如果我们在描述痛时只说一个“痛”字，别人是无法了解我们到底有多痛，是怎样的痛法的。 如果换成“隐隐作痛”“针刺般的痛”，就更加具体、形象，也更容易理解了。 因为后者的描述中用了传达感觉的措辞，使人似乎身临其境。

4. 用比较和对照的方法来描述

“空调比电风扇舒服多了”“电饭锅比烧煤省事多了，又干净又没有污染”。 运用这种比较的方法，人们的印象就会更加深刻。

5. 活用比喻描述

一个推销热水器的销售员是这样向顾客介绍热水器的点

火装置的：“您把左边这个旋钮往逆时针方向用力一转，只听得‘咔嚓’一声，里面一只小打火机就被打着了。”用打火机来比喻点火器，既形象又贴切，避免了许多顾客可能听不懂的专业术语。

总之，将真实合理的介绍与生动的描述结合在一起，就能起到锦上添花的作用，更能吸引顾客并激发起顾客的购买欲望。

第四章

演讲有技巧，才能抓人心

演讲要注重开场白

任何形式的演讲，开场白都很重要。听众通常会在演讲开始后的几分钟甚至几秒钟内，决定是否听下去。但是，准备演讲从来不是从开头入手，而是应当先确立演讲的目的，然后围绕目的收集材料，并将材料加以组织整理，最后才是准备开场白。只有这样，才能更好地选择恰当而完美的开场方式。不同类型的演讲，需要有不同的开场白与之相对应，而每一个精彩的开场白，都有着它必须遵守的一些原则。

1.能吸引听众的注意

演讲开场白成败的关键，在于能否吸引听众的注意力。抓住听众注意力的方式要随题材、听众和场景的不同而改变，一般可以运用奇闻逸事、名人名言开头。例如，麦克米兰石油公司副总裁迈克斯·艾萨克松在一次演讲的开头引用了名人的话来吸引听众：

“我们都知道，演讲是件很难的事。但是请听听丹尼尔·韦伯斯特是怎么说的：‘如果有人要拿走我所有的财富而只能留下一样，那么我会选择口才，因为有了它，我不久便可以拥有其他一切财富。’”

2. 坦白地向听众介绍自己

人们之所以不愿轻信陌生人，是因为他们不明对方底细，担心太草率交往会给自己带来麻烦。因此，当我们面对希望结识的陌生人时，就应暂时放下防备，坦白地向对方介绍自己。

> 有一次，我国著名作家张恨水，应邀到成都大学演讲。他是这样开头的：“今天，我这个‘鸳鸯蝴蝶派’小说家来到这里，感到很荣幸，我取名‘恨水’不是什么情场失意，而是因为我喜欢南唐后主李煜的一首词《乌夜啼》，词中说：‘林花谢了春红，太匆匆！无奈朝来寒雨晚来风，胭脂泪，留人醉，几时重？自是人生长恨水长东！’词里有‘恨水’二字，我就用它作为笔名了。”

作家在青年人眼中往往是难以捉摸的，张恨水更是因为他的笔名引起人们的种种猜测。因此，他在演讲的时候以解释自己的笔名为开场白，短短的几句话既让听众明白名字的来历，又使这些青年学生为大作家的淳朴、坦率而折服，可谓一举两得。

3. 为听众解释关键术语

有些概念或术语听众不能理解，所以，在演讲开头对关键术语加以解释便显得格外重要。例如，某位领导在演讲中就很好地运用了这一技巧：

“公共关系，简单地说，是指‘与公众的关系’，即团体、企业或个人在社会活动中的相互关系。它的主要目的是有效地利用媒体——最常见的是书面形式——树立良好形象。

4. 为听众提供背景知识

如果听众对演讲的主题不熟悉，那么就要给听众讲解背景知识，这将大大有利于听众理解演讲。

5. 为听众阐述演讲结构

演讲时，应当利用开头部分对演讲内容加以概述，让听众了解演讲的核心和结构。特别是当演讲的内容复杂，专业性又强，或要论证几个观点时，这样做能使演讲脉络清晰。汉诺威信托公司的主席兼总裁约翰·F. 麦克基里卡迪在一次演讲的开头明确陈述了他演讲的结构及范围：

“女士们，先生们，晚上好。我很荣幸应科里曼主任之邀前来参加这个商业论坛。

“首先，我将对最近的国内经济形势加以分析。我认为它并非人们想象的那样严峻。

“其次，谈谈近期欧佩克原油价格的增长对国际经济的影响。

“接着，对总统所提出的能源建议做几点说明。

“最后，我将就美国的现状谈一些个人想法。”

6. 为听众说明演讲目的

在大多数情况下，演讲的开头应说明演讲的目的。 如果做不到这一点，听众容易误解演讲的意图。 美国快递公司主席詹姆斯三世在短短的十秒钟内便把他的演讲目的陈述给听众：

“女士们，先生们，早上好。 谢谢大家给予我这个演讲机会。 美国广告联盟是美国传播行业的一个重要组成部分。当前，这个行业仍存在许多问题，我今天演讲的目的便是就这些问题，及它们所带来的挑战谈谈我的看法。”

7. 能激发听众的兴趣

一般来说，听众认为演讲有价值时，才会专心去听。 因此，演讲的开头应当回答听众心中“我为什么要听”这一问题。 在美国会计协会罗切斯特分会的一次演讲中，演讲者唐纳德·罗杰斯围绕听众所关心的问题进行阐述，激发起听众的兴趣：

“我今晚要演讲的题目是‘信息的透露’。 确定这个题目之前，我先是查阅了本地的会计年鉴分册和全国会计协会的学术专刊，然后又查了今晚来听演讲的都有哪些人，他们希望我讲什么。 因此，我将告诉大家一些有用的知识，不会让大家失望，并留给大家一定的提问时间。”

8. 能取得听众的信任

有时候，听众可能会对演讲者的动机发出疑问，或是与演讲者持相反的观点。 这时，如果想改变听众的观点或行为使演讲成功，就需要取得听众的信任。杰弗里和彼得森两位专家针对这个问题提出了下面几条建议：

(1)承认分歧的存在，但是先强调目标的一致性。

(2)对那些连演讲都还没有听就对演讲者进行攻击的行为加以驳斥。

(3)否认演讲的动机是出于私利。

(4)唤起听众的兴趣，让他们仔细地去听。

演讲者要抓住听众心理

登台演讲不是人人都能完成的事，更不是人人都能出色完成的事。作为演讲者，思想、道德和口才三方面素质都得具备，然而仅有这三方面的素质还不够，还必须恰如其分地把握好演讲的分寸。如何把握分寸呢？这就要取决于听众的心理期待。演讲有两个目的：一是用语言的影响力说服听众；二是用语言的召唤力鼓舞听众。如果这两方面的目的都没有达到，你就应该好好反思一下，是不是没有把握好分寸。

由此看来，一个不会把握分寸的演讲者无论在什么时候发表什么演讲，都很难赢得热情的掌声，因为其演讲不受欢迎。一般人在演讲时最常犯三个毛病：一是内容冗长，不够简洁；二是口讷读讲稿，动作露怯；三是不懂装懂，漏洞百出。

俗语说，“油多也坏菜”。炒菜用油过多，就会让人腻味。演讲也是如此，废话套话太多，其结果只会使人倒胃口。比如，在公共场合发表长篇大论，滔滔不绝，想用语言吸引每一位听众，其动机自然令人钦佩，但必须明白，并不是每一位听众都乐意听长篇大论。很多人把这样的长篇大论比喻为“裹脚布”，又臭又长，从中不难看出大多数人对长篇大论演讲者的反感。一般听众更希望演讲者能长话短说。

简短的演讲，必须抓住精髓，巧做对比，以求一语中的。中国著名新闻记者、政治家、出版家邹韬奋先生于1936年10月19日在上海各界公祭鲁迅先生大会上发表了简短却十分有力的演讲：

“今天天色不早，我愿用一句话来纪念先生：许多人是不战而屈，鲁迅先生是战而不屈。”

透过仅此一句话的演讲，我们强烈地感受到它所蕴涵的丰富内容：既有对当时各种战线上投降派“不战而屈”的鄙视，又有对鲁迅先生“横眉冷对千夫指”、勇敢战斗、绝不屈服的品格的赞颂。“不战而屈”和“战而不屈”，同样四个字的不同组合，却说明了两种相反的精神。这极其精练的一句话演讲，巧妙地采用了鲜明的对比，使卑微者更渺小，使高尚者更伟大。尽管只是一句话，却激发了人们奋起抗争的勇气。

先说服自己，才能说服他人

遵循以下原则，可以使你的说服性演讲无往不胜：

1. 首先要说服自己

我们演讲是为了说服别人，这就更需要我们信心十足地来阐述自己的理念。因此，我们必须得首先说服自己，然后才能设法去说服别人。

2. 获取赞同的反应

林肯说："我展开并赢得一场议论的方式，是先找到大家的赞同点。"这其实也正是说服性演讲的秘诀之一。

哈利·奥菲斯博士在纽约社会研究学院发表演讲时，详细分析了这一心理：懂得说话技巧的人，会在一开始就从听众那里得到认可。这样就可以引导对方进入肯定的方向。就像撞球一样，原先你打的是一个方向，但只要稍有偏差，就可能与你所期待的方向相反了。

在这里，心理的转变方式可以看得很清楚。当一个人真正说“不”的时候，他不仅仅只是说一个“不”字，他全身的组织会呈现出一种拒绝状态；但假如他说“是”，全身的组织则呈开放、接受的状态。

因此，如果你能在谈话开始时就让听众持接受态度，就愈有可能使他们接受你的意见，接着你可以进一步引导听众。在这个过程中，你不妨一步步地将事实展现在他们的面前，他们会愿意被你所引领，很自然地接受你的结论。对于这种他们自己所“发现”的事实，他们会乐意相信。正所谓：最好的争论方法，看起来只像是一场说明。

3. 以感染性的热情来讲述

演讲者的演讲具有感染性，并把自己的热忱传递给听众，通常是不会引起反感的。所谓的“感染性的热情”指的就是这一点。这种热情会把一切否定和对立的观念扫至一边。假如你的目标是在说服听众，请记住，鼓舞要比引发思考有用得多，激昂的情绪要比冷静的思维更具威力。要想把群众的情绪鼓舞起来，演讲者自身就应充满热情。你的热情将通过声音释放，也经由一举一动来展现，从而与听众展开直接沟通。

每次你开口讲话，其目的是要说服对方时，你的所有表现都会影响到对方的态度。假如你表现平常，你的听众也不会起劲；假如你的态度随便，你的听众也会如此。

4. 向听众表示尊敬和热爱

人类天生都需要爱，也需要得到他人的尊敬。人人皆有一种内在价值意识，他们希望被尊重、被肯定。伤害了一个人的这种情感，你便可能永远失去了他。当你爱并尊重他时，他也会在内心培植爱与尊重的种子，也许会加倍回馈你。

5. 以友善的方式开始

佩里教授曾说过："向你的对手显示你的意见和他信仰的某些观念很类似，他就不会拒绝你的意见了。"事实也证明，这种方式不会让人产生敌意。

佩里教授对人的心理活动很了解。一般人通常缺乏这种敏感性，以致很难进入对方充满防卫力量的根据地。一般人错误地以为要进入那个根据地，就必须主动攻击对方的基地。但结果如何呢？对方会产生敌意，心灵之门也关闭封锁起来，然后像穿着盔甲的武士拔出长剑，这时，冲突激发，结果总是两败俱伤，谁也无法说服谁。所以，以友善的方式开始演讲很重要。

灵活运用自己的口才

1. 如何精明地回答难题

这其实很简单。 首先，仔细听清提问。 如果必要，可以重复问题以免听众没听清。 再将目光移向提问者，使自己不成为注意的中心。 然后，作为演讲者，你可以选择回答这个问题，或者将问题抛还给提问者，问问听众中有谁能回答。

如果提问者还坚持要提问，你可以巧妙而镇定地说：“现在让我们给其他人提问的机会。”或“我得在规定的时间内演讲完，所以我得将发言继续下去。 我希望以后能有机会和你讨论这个问题。”就这么简单。

2. 如何顺利地应对反对意见

有的人在一群人面前发言时，表示乐意接受批评。 这种情况看起来非常有趣，它照例会招来听众的评论——不论是赞成还是反对。 听到赞同的意见，演讲者会热情大涨，更有信心。 但有时，某些听众偏偏会不断提出反对意见，打乱演讲者的全盘计划。

在某高校，一个著名的政治评论家进行了一场演讲。他引用了许多实际事例，并对国际政治事件做了精辟的分析。演讲结束，听众开始提问。一个坐在前排的人举手，评论家叫了他。他站了起来，直视着评论家的眼睛，大声地说："那又怎样?"

评论家目瞪口呆。他问那提问者："什么，什么怎样?"提问者瞪着他，答道："你做了许多推想，堆砌了不少事实，但那又怎样?你的观点能对现实产生作用吗?"提问者的话就像一把锐利的刀插入这个评论家心里。

其实，演讲者也不必担心，应当勇敢面对批评。他可以承认对方的观点，或解释自己的观点之后再继续。如果问问"别人还有什么看法"，还可能会鼓动听众参与讨论。

但是，最明智的做法是给一个含糊不清的回答，然后继续下去。巧妙而含糊的回答是一种有用的应答技巧，用这种方法，说话者可以给对方一种印象——他会以为自己是正确的并受到赞同。一个很好的例子是这样回答听众的批评："那确实是一个要点"或"你的确很有想法"。一旦听到这种回答，提出批评的人会因得到认同而态度缓和。演讲者没必要自寻烦恼，说话得罪提问者，只需承认提问者提出了一个"要点"或讲出了某种"想法"就够了。通过这样一个巧妙而含糊的回答，演讲者既不用过多解释又能得到提问者的尊敬。

3. 老练地应付挑剔的听众的秘诀

一个难缠的听众可能是故意与你做对，他只想证明自己比你强；也可能只是个缺乏礼貌和教养的家伙；或者是个鲁莽的家伙，他确实不同意演讲者的观点，于是急于说出。无论那些存心捣蛋者有何种理由和目的，演讲者都要得体地应付。首先，演讲者必须保持头脑清醒，镇定自若。要做到不斤斤计较，不畏惧。

如果你当时坐着，就站起来，给人一种权威感。在造出镇定、文雅和自制的声势之后，就按你在其他情况下应该做的那样来处理反对意见：

表示赞同或解释一番；巧妙地给一个模糊的回答然后继续下去；就此来一个开放式提问，鼓励听众参与讨论。例如："你们中还有谁有什么想法吗？"但必须注意的是，只有当大部分听众站在你这一边时，才能鼓励他们参与讨论。

演讲要注重短句特色

1985年9月底，《上海青年报》记者对上海铁路新客站工地总指挥进行了关于工程期限的采访。

总指挥严肃地发表即兴演讲："不超国家预计开支，不误工期！这是我们向党、向人民立的军令状。延误工期，党，不允许；人民，不允许……困难再大，我们靠党的领导，人民的支持；问题再多，我们靠工人的才智去攻克难关；时间再紧，我们靠创业者争分夺秒的拼搏精神……"

这位总指挥的演讲，斩钉截铁，掷地有声，充分表现了人民群众大无畏的英雄气概。可以看出总指挥的演讲有一个重要的特点：句子短。

短句显得有气势，也更有力度。所以，多用短句是加强演讲效果的一种重要方法。

据不完全统计，善于做宣传的教育工作者，如李燕杰、曲啸、彭清一、刘吉等的演讲，其句子一般控制在8个字左右。

国外的一些演讲大师，如列宁、林肯、丘吉尔等，他们讲的句子稍长些，但也都在 10 个字（中文译文）以内。

所以，从中外演讲大师的实践来看，成功的演讲需要短句的配合。

比较而言，书面语言句子长，优点是精确、全面，缺点是呆板和冗长。而演讲句子短，简洁明快，生动有力，充满生气。演讲时还可以借助肢体语言，所以，尽管句子简短，仍能很好地传情达意，而且朗朗上口，有助于记忆，因此能收到很好的演讲效果。

如“人不犯我，我不犯人；人若犯我，我必犯人”“敌进我退，敌驻我扰，敌疲我打，敌退我追”“不是不报，时候未到；时候一到，一切都报”，等等，也都是长句短说的典型例子。

这些短句，不仅简洁明快，而且能让人印象深刻，便于记忆，经久不忘。

正如恩格斯所说：“言简意赅的句子，一经了解，就能牢牢记住，变成口号，而这是冗长的论述绝对做不到的。”

由此可见，要提高演讲效果，就要尽量长话短说，使句子简洁明了，短小精悍。

革命导师列宁在《纪念葛伊甸伯爵》的演讲中，曾用长短句交叉的排比，深刻地揭示了这样三种典型人物：

“不愿做奴隶而奋起斗争的，是革命家；没有意识到自己的奴隶地位而过着默默无言、浑浑噩噩的奴隶生活的奴隶，是愚昧无知；津津乐道地赞赏美妙的奴隶生活，并对和善的好心的主人感激不尽的奴隶，是不知羞耻。”

在运用短句特色时，事先要用心雕琢，能用短句表达的，决不用长句，或者把长句化为若干短句。但是，在演讲时，不要乱用生硬的短句，而应注意长、短句的交叉使用，使二者相互补充、相辅相成。另外，演讲者语言疏密有致，波澜起伏，也能使演讲丰富多彩，吸引听众。

吸引听众才能取得成功

康威尔博士说："成功的沟通，要求演讲者的思想能够被听众接纳，并使听众与自己真正地融为一体。"

演讲者在演讲时一定不能忘记他的听众。这里有一些简单却有助于你与听众建立起和谐关系并产生共鸣的小诀窍。

1. 演讲要考虑听众的喜好

演讲者失败的原因，主要是因为他们只顾谈些自己感到有趣而与听众毫不相关的话题。很明显，这些话题往往使许多听众感到乏味。这时，演讲者就要学会转换思想，着重引导听众思考自己的兴趣、事业、家庭和所取得的成就。

2. 给听众以真诚的赞赏

演讲的听众通常是由不同的个体组成，他们的反应符合人性的内在规律。公然批评听众必导致他们的愤懑。对他们做过的值得称赞的事表示赞美，就会获得他们的信任。但是，没有诚意的话语，却无法赢得他们的支持。比如，

“各位是我曾面对的最聪明的听众”“能够站在这里，我真是太高兴了”，等等，会被大多数的听众认为是空洞的谄媚，使他们心生反感。因此，一定要发自内心的真诚地赞赏观众。

3. 与听众融为一体

当你走进会场，刚刚接触听众时，应想办法尽快与听众建立起亲切的关系。如果你觉得很荣幸能应邀进行这次演讲，就实话实说吧！

准确记住听众的名字，是另一种可以打开你与听众沟通渠道的方法。要注意的是：要在演讲词里用上一些大家陌生的名字，你就必须事先确定它们的准确性，而且你还要有充分的理由使用它们。在使用时，只能以一种友好的方式来提及，并且使用应限定在一定范围，决不可滥用。

在演讲的过程中，要使用人称代词“你”，勿用“他们”，这种方式有利于使听众进入一种自我感知的状态，从而使听众的注意力一直聚集在你演讲的内容上。

4. 允许听众参与

演讲中注意灵活运用一些表演，也能牢牢地吸引听众的注意力。

让听众来帮助你展示你的论点，或将某个意念戏剧化地表现出来时，你对他们的影响力便会急剧地提升。当听众中有人参与到演讲中时，听众便会敏锐地感知身边所发生的事。不断有演讲者抱怨：讲台上的人和讲台下的人之间总是隔着一堵墙。如果能有效使听众参与，就能很容易推倒这堵墙。

5. 保持谦虚

当你演讲时，你的个性被完全展现出来。每一个傲慢的表现都可能使你功败垂成，而谦虚则可以使你的演讲充满自信和友善。你可以谦虚，却不必显出患得患失、低人一等的模样。如果对演讲充满信心，不妨自嘲一番，听众一样会喜欢你、尊重你。

如果你想走进听众，与听众融为一体，就一定要修炼这种谦虚与包容的品行。

第五章

能言善辩，以理服人也要有口才

灵巧地避免得罪人

为了不得罪这个人，灵巧地通过这一关，应该怎么办呢?

1. 仔细地听取对方的想法

人们普遍都有一种欲望，那就是尽量把心中的感受倾吐出来。 当这种欲望未得到满足时，任何话都听不进去。 因此，当你要对方听取自己的意见时，应先听听他的想法。 如果可能的话，不妨叫对方重复一下他的意见，并问他是否还有什么话想说。

2. 在答话之前，稍作停顿

当受到质问时，有不少人会即刻答复。 事实上，这并非最佳的方法。 这时，你应先观察对方的表情，过一会儿之后再答复。 如此一来，能给对方一种满足感，让他产生被尊重感，这样就有利于你。 不过，只要稍停顿一下就可以。 如果你停顿得太久，对方会认为你没有诚意，甚至认为你无意回答他的问话。

即使你不得不反对对方的想法，也不要立刻拒绝。如果立刻拒绝，无异是在告诉对方："阁下的想法是不足取的，是无稽之谈。"

3. 给对方留余地

每逢争论之时，所有人都认为自己有理，至于对方的想法呢，则认为是荒谬的、完全错误的。其实，不管是何种争论，每个人都有对错。当你与别人辩论时，不妨对对方的某一项意见表示让步，这么一来，对方也会有所让步，你就能够在某一方面与对方达成一致。

在这种场合，你要婉转地说："是啊，关于这一点，我同意你的意见，但可能还有更好的方法吧？"或者"唔……你说的不无道理。不过，这样更好吧？"

4. 温和地说出自己的想法

与人争论时，不能冲动，切勿不顾一切地为使对方接受自己的意见而展开激烈的争论，甚至有过火的语言。因为一般人都有一种逆反心理，对恫吓的态度，往往会产生反感，不予让步。

相比之下，温和地说出自己的想法可能效果更好。同时，千万别摆出"这是绝对错不了"的态度，最好把自己说得差一点。这么一来，对方将会听取你的想法，接受你的意见。

5. 让第三者代你说话

当你与别人展开争论之时，让他人代你说话为佳。例如，母亲教导孩子时，总是说“爸爸会不高兴的”或者“这样做，老师会处罚你的”等，这样比以自己的想法教导他效果要好得多。很多人认为他人的好话都不能信，但经过第三者的转述之后情形就不同了。在这种场合里，即便对方不同意，也不至于刺激了对方。

例如，你可以说：“美子的丈夫戒烟后身体好多了，上下楼梯也不喘粗气了……”其实，你这么说，只是想要自己的丈夫戒烟而已。又如，你想让丈夫把工资都交给你，不妨如此说：“据统计，这样做的丈夫都很幸福。”

6. 保全对方的面子

当你与人辩论时，要牢记一点，那就是要保全对方的面子。因为一个人在讲了自己的想法之后，即使知道自己错了，也很难自认错误，或者改变想法，因为一旦承认了自己的错误，往往会疑心生暗鬼，怕别人说自己不诚实，或怕别人因此瞧不起自己。因此，为了保全对方的面子，最好给他个台阶下。例如，你可以说：“这也难怪，因为你不明了那一件事，当然会如此想了。”或者说：“不知者不怪！”

又如，当对方弄错时你应该安抚他：“这不算什么，以前我也屡犯这方面的错误。只要熟悉了之后，自然就能够熟能生巧，不会再错了。”或者说：“在那种条件之下，谁都会弄错哩！”

一言定成败，一言定兴衰

1. 运用一语双关技法

辩论中，运用文字使字词或句式同时涉及两件事，表面上言此，实际上说彼，这是使用频率很高的双关法。 双关语很有作用。

双关，由“字面直言意义体”和“深层含义意义体”构成。 前者主要是借助语义或语音的联系而产生，后者一般隐含在前者之中。

从前，有个县官到王庄办公。走到一个岔路口，不知如何走，正巧遇见一个农夫，县官大声问道：“喂，老头，到王庄怎么走?”那农夫不理会。县官大声要他停下。农夫说：“忙着去看稀奇事。”县官问：“什么稀奇的事?”农夫一板一眼地说： “刘庄有匹马生了一头牛。”“真的？马怎么会生牛呢？应该生马才对!”县官不信，农夫煞有介事地回答：“世上的怪事多着哩，畜生的事我如何得知。”

面对无礼的县官，直言相劝当然于事无补，农夫智用双关讽刺了官员，借字面的“畜生”，斥责官员不懂礼数，手法高明得很。

双关是一种绝妙的辩论武器，应遵循文明用语、以理服人的原则，格调高尚文雅，内容纯净正派，以德胜人、以理服人，不落俗套。

2. 机巧应答制服刁问

在辩论中，对方往往发问刁钻，直接回答容易上当，走入死胡同。这时，最好的方式是以谬制谬，指东说西，答非所问。

1935 年，在巴黎大学的博士论文答辩会上，法国主考人给中国留学生提出了一个奇怪的问题：“《孔雀东南飞》里为何不写‘孔雀西北飞’呢?”陆侃如应声答道：“西北有高楼。”陆侃如引用了我国《古诗十九首》中的名句“西北有高楼，上与浮云齐”，孔雀不能飞过去只好向东南飞了。真是问得奇怪，答得巧妙。

再举一例：

1928 年，由于叛徒的告密，年仅 28 岁的共产党员夏明翰不幸被捕，敌人对其大肆用刑都不能使他屈服。在最后审讯时，他用谬答术这样回复愚蠢而疯狂的敌人：

“你姓什么？”

“姓冬。”

“胡说，你姓夏，怎么说姓冬？”

“你们颠倒黑白，我姓夏，当然应该说成姓‘冬’！”

“多少岁？”

“共产党万万岁！”

“籍贯？”

“革命者四海为家，也没家！”

面对严刑拷打，英雄故意谬答，有力地嘲弄了敌人。

辩论中，对应答水平要求很高，机巧应答堪称应答场合中短兵相接的利器。

3. 灵巧仿接，反弹敌手

辩论中，可以模仿他人的语言，产生同构意悖的效果。运用此法往往能置对手于窘境，使其自食恶果。

古希腊曾流传着这样一个故事：

有位年轻的演讲家，以演讲取得功名。

有一天，父亲告诫他：“孩子，这样不好。说真话，富人会恨死你；说假话，贫民不会拥护你。无论你说话是真是假都没有好结果。”

儿子听后，笑着反击说：“您错了。我说什么都对，无论说什么我都很成功。”

这位演讲家引用父亲的话反击，既破了对方的阵势，又使自己的论点得以成立。

运用此法，关键在于相似。我们再看下面这则故事：

一位财主刁钻刻薄。一次，一位长工踩死了一只鸡，他便乘机敲诈，对长工说：“你踩死了一只能生蛋的公鸡，必须赔我下蛋的公鸡，否则，扣发你的工钱。”

长工回到家后一直闷闷不乐，妻子得知后说自己有办法。

第三天，长工妻来到财主家。财主问道：“你丈夫怎么不来呢？”

长工妻答道：“他生孩子呢。”

财主吼道：“胡说，男人生什么孩子？”

长工妻反驳道：“男人不生孩子，同样公鸡也不下蛋。”

财主无言以对。

这种方法在生活中应用广泛，还可有更佳的效果。如下例：

甲：“你在造纸厂，有的是纸，给我带些。”

乙：“你在银行，有的是钱，给我拿些钱。”

灵巧仿接就是以其人之道还治其人之身。 它一般分为两种形式：一是仿用对方的言语来还击对方；二是仿用对方的方法还击对方。 在使用时，首先要听出对方话语的实质和目的；其次，要分析对方攻击的理由和根据；最后反击。

在运用此法时还要注意场合和对象，不能对好友用此法。 否则容易导致气氛不协调，伤了和气。

4. 辩论中正话反说

正话反说即用反话辩论。 比如，使用否定的语言表达肯定，用责怪的语言表达感激等。 正话反说，表面是肯定，实际是否定，形褒实贬，形成对比。 这种言此意彼的言语方式被广泛应用于生活之中。 如“天啊！ 真是太好了”这句话，如果句末用曲折调表示，即为正话反说。

此法有很大作用。 它可以鞭挞丑恶，讽刺落后。

> 小陈去某商场买布料。她选中了一块灰色大方格布料，可她发现布口不正，不是沿方格走的，便要求修改。售货员不耐烦地说：“你这人真自私，怎么不替别人想想?”
>
> 小陈听后很恼火，回答道：“我自私，布是给我扯的，不是给别人。你不自私，把好好的料子扯斜了，你多会替别人着想啊!”售货员无言以对。

小陈抓住对方的话把，运用正话反说，在自私等词上做文章，反驳非常有力。 正话反说，让她的话很具讽刺意味，比破口骂人要体面得多。

正话反说，可提高辩论语言的战斗力，是一把利器，但也要注意场合，不可滥用，因为它具有很强的攻击性。

逐层分析，各个击破

齐诺芬的《纪念录》中，有一段苏格拉底与欧西德的对话。

欧西德："我生平所做之事，有无'不正'的？"

苏格拉底："那么，你能举几个例子吗？"

欧西德："能。"

苏格拉底："虚伪算什么呢？"

欧西德："不正。"

苏格拉底："偷盗呢？"

欧西德："不正。"

苏格拉底："侮辱他人呢？"

欧西德："不正。"

苏格拉底："偷袭敌人呢？"

欧西德："正。"

苏格拉底："自相矛盾了吧？"

欧西德："不正只可对敌，不可对友。"

苏格拉底："假如有一将军见其军队士气颓废，他便欺骗他们说救兵将到了。他们因此胜利，这是正还是不正？"

欧西德："正。"

苏格拉底："小孩生病，不肯吃药，父亲骗他说药很甜。小孩因此吃了药保住了命，这是正还是不正？"

欧西德："正。"

苏格拉底："你说不正只可对敌，不可对友，可现在呢？"

欧西德："……"

在这段对话中，苏格拉底抽丝剥茧，一步步说出欧西德逻辑上的错误，最终使他无言以对。

在生活中的某些场合，不妨运用此方法讲明道理，不怕对方不服。

1921年，美国西方石油公司董事长兼总经理哈默听说苏俄实行了新经济政策，鼓励吸收外资，便想把生意做到苏俄的大市场。他想，目前苏俄最迫切的是消灭饥荒，需要大量的粮食。而此时美国正值粮食大丰收之际，100斤大米的价格是35.24美元。农民宁肯把粮食烧掉，也不愿以这样的低价送往市场出售。苏俄盛产毛皮和宝石，这些正是美国市场急需的，如果能交换双方的产品岂不妙哉？哈默打定主意，便来到了苏俄。

哈默到达莫斯科的第二天早晨，就被召到列宁的办公室，他们进行了深入的谈话。粮食问题谈完以后，列宁对哈默说：“先生，你对苏俄有兴趣吗？”

哈默听后缄默不语。

由于西方对苏俄有偏见，做了许多恶意宣传，使得许多人把苏俄看成可怕的怪物。在苏俄经商或投资办企业，被视为比登天还难。常言道：“众口铄金，积毁销骨。”哈默虽做了大胆的探险者，但对在苏俄投资办企业一事还是心存顾虑。

列宁看透了哈默的心事。于是，他讲了实行新经济政策的目的：“我们实行新的政策，就是要挖掘我们的经济潜能。我们欢迎所有的朋友到这里投资，并给予优惠。我可以保证你们不受损害。”

哈默还是不语。

列宁看出他还是心存疑虑，便继续发动心理攻势：“你放心，除此之外我们还为你们提供一切便利条件。”

列宁看出他还不放心，就索性把话说得一清二楚：“我们都明白，我们必须说清楚，保证大家有利可图。商人不是慈善家，除非觉得可以赚钱，要不然没人会投资了，你说对吧，哈默先生？”

就这样，列宁终于说服了哈默。不久之后，哈默便在苏俄投资。

面对哈默的不解和疑惑，列宁逐层分析，各个击破，使得哈默解除疑虑，最终在苏俄投资。

怎样使用这种方法呢？ 首先，你要明白“剥茧”的最终目的是什么，而后便不能偏离它。 也就是说，你每一步都是为最后的目的服务的，无关紧要的话尽量不说。 其次，在“剥”的过程中要有层次，即要循序渐进，前后相继，中间不能有脱节，否则就给人一种勉强的感觉。

争取主动获得奇效

乾隆年间，通州胡长龄考中了状元。乾隆看他一表人才，有意招其为驸马，便派主考官王御史探他的口风。胡长龄却婉转谢绝了，言道：“我已成亲。”

乾隆没料到胡长龄会这样做，心想：胡长龄真不识抬举，请你上轿你却不上，我倒要看看你那结发之妻到底是个什么样的美人。

于是，乾隆下了一道圣旨宣胡氏进京。

这一日，穿着朴素的胡氏大大方方地进殿拜见乾隆。

跨殿槛的时候，她轻轻地撩起裙角，口中说道：“我这村姑草裙，千万别污了万岁爷的金槛。”乾隆一听心中诧异，此女子竟如此识礼。

他抬眼一看，她并不是位美人。此女相貌平平、皮肤黝黑，身材也没有一般女人的娇小婀娜，而是人高马大。特别是裙下的那双脚，与“三寸金莲”相比，确实奇大无比。

乾隆不禁脱口而出：“脚真大啊。”

胡氏知道乾隆是取笑自己，从容道："脚大胜似舶护履惊涛。"

乾隆说："依你所说是脚大好了。那么，朕宫中嫔妃，人人是金莲小足，你说如何？"

胡氏有条不紊地答道："足小宛若画舫过浪巅。"

乾隆听出，胡氏这是在反讥三寸金莲的弊端，但心里却很佩服她的胆识。于是，吩咐茶水招待。胡氏品了一口香茶后，随口吟道："饮香茗遥念故乡水。"

见胡氏如此思乡，乾隆为之感动，便传旨让其洗尘。胡氏又说："食俸皇粮当思耕夫辛。"

由此，乾隆更加钦佩她，便出了个上联让她对下联："远闻通州出才子。"

胡氏信手拈来，张口便答："近观皇宫多佳人。"

乾隆见状再来一联："冠授官，官戴冠，官被冠管。"

胡氏思考少顷，对答道："仁教人，人压仁，人受仁欺。"

乾隆听后，自知理亏，非常赞赏胡氏，更赞叹新科状元不负结发妻的可贵品质。他一时兴趣大起，挥笔写下"翰墨竹梅"四个大字，并命工匠刻成匾，赠予状元夫妇，以表敬意。

这位胡氏就是在不利的情况下尽力争取主动，取得了奇效。

善于明辨真理，同时不失优雅

战国时期，诸子百家蜂拥而起，各种思想相互碰撞。其中，有位名叫杨子的思想家主张利己主义。

一天，杨子要向老子讨教问题，可老子去了秦国，他为了表示自己的诚意，便在老子回来的必经之地住下等候。

见面之后，老子教训他："以前，我觉得你尚值得一见，现在我想没有必要了。"说完拂袖而去。

杨子面带愧色，但始终跟在老子身后，一直跟到老子的住处，进屋之后，又跪下求教。他真诚地说："先生刚才说的几句话，令我茅塞顿开。越是如此，越想请先生坦白地把话讲完。"

由于他的态度非常诚恳，老子坦诚地说出了自己的想法："好吧，那我就告诉你，其实，我只有一句话，你要装得更愚蠢一点才合适。"说完又拂袖而去。

真是一语点醒梦中人，杨子如醍醐灌顶一般。此后，杨子在为人处世方面发生了很大的变化。未见老子之前，他大摇大摆、一副居高自傲的思想家作派，像个了不起的大人物。客栈的客人都谦让他，店主也不敢亲近他，店小二打好洗脚水要亲自送上门，还要为他脱鞋去袜，很多人为他让位吃饭。如今回想起往日的虚荣，杨子自己都觉得好笑：自己聪明外露，与人争锋强辩，计较一日之短长，绝非高明之人。老子让他变得更“愚蠢”一点，真是击中要害。

从此，杨子变得非常善解人意，并且取得了很大的成就。

史书有据可查，老子并不是个客气的人，他初见孔子时也这样做过，这在当时是非常罕见的事。老子的话大意如下：“一位优秀的人物，自然有高人一筹的德行。但因为他是真正的优秀，又常常藏而不露，所以，经常被人忽视。今日见你，我有些话想说，你傲慢无能，而且你看人的眼光只看上不看下，实际上你就是个愚笨的人……”

这真是非常尖刻的批评。只有知识渊博、思想丰富的老子，才能有如此独到的观察！今天看来，老子、孔子同是历史伟人，开创了道儒两家，确实有其独到之处。

大到解决世界性问题的联合国大会上的辩论，小到家庭琐事之争，到处都有辩论。它是人类社会生活的必然产物，必须给予承认。所以，我们没有必要一见到或听到辩论就敬而远之，或主动妥协。

社会上的事物错综复杂。了解事物的本质，需要通过比较，这个过程就是思辨。不论怎么做，都要深思熟虑。离开了辩论，事物的是非、美丑、优劣就难以区别。有人说："论辩是真理之源。"这话确有道理。"理不辩不明"，辩过才知对错。

有一场辩论，是关于拒贿的：

甲："不管怎么说，拒贿是一件好事，是值得赞扬的。一个法官多次拒贿，难道他不知道钱好花？他拒收贿赂，说明他是清官。"

乙："具体问题具体分析。你没听说，苍蝇专拣臭的叮吗？有一个法官，谁不给他送礼，即使官司有理也不能打赢。只要是他的案子，知情者个个送礼，不知情者尝到苦头后也送礼。你能说他廉政表现好？值得对他大加赞扬吗？相反，有一个法官，一贯秉公办案。群众了解他，无人给他送礼，少数人给他送礼他也拒收了。他拒贿次数少，数额低，你能说他廉洁程度不如前者？但在光荣榜上，拒贿一次当然排在拒贿四次后面。数字的大小能决定廉洁程度？某单位拒贿人次多，就表示某单位廉政建设好？某人拒贿多，就表示某人廉洁？这让人难以理解，也难以使人信服。所以，我认为，公布拒贿数字虽有倡廉意义，可是其负面效应不容忽视。你认为呢？"

甲："你说的也有道理。看来，公布拒贿数字可能会出现副作用。不过，拒贿总是好的，总是应该提倡的。"

乙："拒贿是应该表扬，不过，领导们应该慧眼识珠，对表扬要做到实事求是。对全部拒贿的，无论次数和金额多少，都应大加表扬；反之，受贿多次却只上报其中一部分的沽名钓誉者，则要给予批评教育。你说对吗?”

甲:“对，我同意。”

从两个人的对话中我们可以看出：起初，两个人所执意见都不免偏颇，没有抓住问题的本质。经过一番辩论，双方达成一致，基本上肯定了对拒贿这一现象应予以表扬的做法。

辩论通常表现为“舌战”，不过目的显然是为了说服对方，即通过辩论说理、分清是非，使对方信服。所以，辩论不是简单的事，符合辩论要求的语言才能有效地说服对方。下面举例说明：

1.压服性

辩论者需具备诸多优良的心理素质。辩论时，相信我方必胜，对方必败，有战胜对方的勇气，才能说服对方。

我国学者彭倚云，是世界最著名的行为治疗专家阿加尔教授的博士研究生。这个令人羡慕的学位是彭倚云借助语言的力量取得的。面试时，他与老师激辩了两个小时。

阿加尔教授咆哮如雷:“你认为你能说服我吗?”

“当然不一定，因为，我还没有出生时，你已经是心理医生了，”彭倚云毫不示弱，响亮地答道，“只有实验本身能说服你或者我，如果没有进行这些实验，那就永远不会有人知道我与你谁对谁错。”

“就凭你那个实验方案，我可以马上指出它存在的十多处错误。”

此时，双方的争论充满了火药味，很难再继续进行下去。不过，彭倚云说：“这只能表明实验方案还不成熟。如果你收我当你的学生，就可以把这个方案改得尽善尽美。”

“你想让我指导一个反对我的理论的研究生吗？”

“原本我是有这个想法的，”彭倚云笑了起来，“但经过这两个钟头的争辩，我知道牛津大学是不会录取我了。”

“最后，我问你，”阿加尔教授在倔强而自信的中国小姐面前渐渐让步了，“为什么你要选择行为治疗，并且让我做你的导师呢？”

“因为，你在那本书里曾写道：‘行为治疗是以给予心灵上备受痛苦的人一个能回到正常生活的机会、享受正常人应有的幸福和权利为目的的。’老实说，你书里的其他话我不一定赞成，但我完全赞同这句话。”

“为什么？”

“因为，我知道不能做正常人的痛苦，也亲眼看见许多人失去了正常生活的权利而痛不欲生。我认为行为治疗能让心灵畸形者重归正常，不再忍受精神折磨。在这一方面，我完全赞同你的看法，也许，怎样才能更好地进行这种治疗才是我们的分歧。”

最后，彭倚云小姐凭借自信、雄辩征服了阿加尔教授。由此可见，彭倚云正是靠着自己的见解和辩才，成了这位四五年才收一名研究生的教授的学生。

在这个例子中，双方都试图压服对方，辩论气氛很紧张。彭倚云凭自己高超的说话水平、高度的自信和不言放弃的执着精神，令倔强暴躁的阿加尔教授认同和接受了自己。

2. 逻辑性

能令对方心悦诚服的辩论语言往往是理由充足、富有逻辑力量的。 正如斯大林评价列宁那样：“当时，使我佩服的是列宁演说中那种不可战胜的逻辑力量。 虽然有些枯燥，可是，它紧紧地抓住了听众的心，一步步地感动听众，把听众全部俘获。 我记得，当时有很多代表说：‘列宁演说中的逻辑好像万能的触角，用钳子从各方面把你钳住，使你无法脱身。而你不是投降，就是完全失败。’”由此可知，征服斯大林的正是列宁语言中那种强大的逻辑力量。

要使辩论的语言符合逻辑，就要避免语无伦次、似是而非、矛盾百出等现象出现。 诸葛亮就曾妙用雄辩的力量“舌战群儒”，进而使吴主孙权主战。 诸葛亮先用刘备“博望烧屯，白河用水，使夏侯惇、曹仁之辈心惊胆裂”的战绩，驳斥了江南“第一谋士”张昭所谓“曹兵一出，弃甲抛戈”的虚假论据。 接着，他举出出身贫寒的汉高祖刘邦击败秦朝诸名将，围歼“霸王”项羽“终有天下”的例子，驳倒了儒生陆绩的“织席贩履之夫”刘备不足与相国后裔曹操抗衡的论点。最后，诸葛亮用“必有一假”的矛盾律，指出了匡扶宇宙之才“必按经典办事”论题的虚伪性，使那些主降的“江东英俊”，或是“默默无语”或是“满面惭愧”或是“低头丧气而不能对”。最终，赤壁大战中孙刘联军打败曹操，奠定三国鼎立的基础。

诸葛亮的才能不只表现在带兵打仗、定国安邦上，他的说话水平更为众人所佩服和称道。正因为他巧用了语言的强大力量，才在这场敌众我寡的论战中力挫江东群儒，说服了吴主孙权出兵抗曹。

3. 目的性

辩论是辩明是非曲直的激烈角逐，只有针对对方的漏洞和谬误，有的放矢地驾驭有声语言，才能确立己方论点，击败对方。

4. 健康性

辩论是一种有益的理智的口头交流活动，绝对不是无聊的“斗嘴”。鲁迅曾说过：“辱骂和恐吓绝不是战斗。”可是，在辩论中，总是有些人容易冲动、出言不逊，甚至开口骂人。因此，遵守健康性的语言原则显得尤为重要，脱离了健康性的辩论就如同粗俗的人身攻击。

罗蒙诺索夫是俄罗斯的伟大学者，博学多才。有一次，他和宫廷贵族舒瓦洛夫伯爵围绕一个问题起了争执。

“你简直是个大傻瓜！”舒瓦洛夫伯爵理屈词穷、气急败坏地嚷着。

“阁下，有人说在俄国大臣下面当一个傻瓜是最荣幸的，可我并不这么认为。”罗蒙诺索夫平静地笑道。

“我要把你从科学院开除出去！”伯爵大人叫得更凶了。

罗蒙诺索夫神情坦然地回答道：“抱歉，不论你说什么，也无法把科学从我身上开除出去！”

在这场激烈的辩论中，罗蒙诺索夫始终保持学者风度，用镇静自若和风趣机敏来对抗贵族老爷的金刚怒目和破口大骂。如此鲜明的对比，尽显伯爵的粗暴无知。

辩论中，我们应该掌握辩论语言的压服性、逻辑性、目的性和健康性。只有这样，才能体会到“一人之辩，重于九鼎之宝；三寸之舌，强于百万之师”的深刻含义，才能在辩论中立于不败之地，在明辨事理的同时不失优雅风度。

第六章

学会拒绝，掌握说“不”的艺术

拒要求，留脸面

在生活和工作中，人们经常会遇到别人向自己提出要求的情况，然而有些提要求的人是你不喜欢的，抑或是有些人提出了让你难以接受的要求，当处于这种尴尬的情境时，你将如何应对？ 如果遇到以上的情况时，我们没必要“有求必应”，而必须学会“拒绝”。

然而，假如板着面孔一口回绝对方，很有可能会伤了彼此之间的和气，但是，你又不能违背自己的意愿答应对方，那样的话，你将更加被动。 是否有一种两全其美的办法，既不使对方觉得有损面子，又能巧妙地拒绝呢？ 回答是肯定的。

拒绝是一门学问，因为在拒绝别人的时候，还要体现出个人品德和修养，让别人在你的拒绝中，同样能感觉到你是真诚的、善意的、可信的。 在拒绝的过程中，要想不伤和气，依然与对方保持良好的人际关系，那么就要设身处地地站在对方的角度进行换位思考，在不能提供帮助的情况下用正确的语调来婉言回绝。

在婉言拒绝的时候，一定要先让对方觉察到你的态度，不要绕了半天连自己都不清楚要表达什么，更不要说让对方理解了。在单独说话的场合说“不”，对方往往更加容易接受。拒绝对方时，要给对方留条退路。所以，首先你要把对方的话从头到尾认真听一遍，而后再决定如何去拒绝对方——最好能使用“引用对方的话来‘不肯定’他的要求”，从而给对方留下比较充足的面子。如果对方是聪明人，那么你的“不肯定”，他自然心领神会。

20世纪三四十年代的美国总统富兰克林·罗斯福就任总统之前，曾经在海军担任部长助理这一要职。有一次，他的好友向他打听美国海军在加勒比海某岛建潜艇基地的计划。

当时来讲，这是不能公开的军事秘密。面对好友的提问，罗斯福如何拒绝才比较好呢？罗斯福想了想，故意靠近好友，神秘地朝周围看了看，压低嗓音问道：“你能对不宜外传的事情保密吗？”

好友以为罗斯福准备“泄密”了，马上点头保证说：“当然能。”

罗斯福坐正了身子笑道：“我也一样！”

好友这才发现自己上了罗斯福的“当”，但他随即也明白了罗斯福的用意，开怀大笑起来，不再打听了。

人都有一个共性：喜欢打听隐秘的事情。打听到了之后，又不能守口如瓶，总是想方设法地告诉别人，以吹嘘自己的能耐。罗斯福深谙其中之奥妙，所以，他对任何人都保密。罗斯福使用的是委婉含蓄的拒绝方法，其语言轻松幽默，表现了罗斯福的高超语言艺术：在朋友面前既坚持了不能泄密的原则立场，又没有令朋友陷入难堪，取得了非常好的语言交际效果。

下面是一个现实中的例子。

> 两个打工的老乡，找到在某市工作的李某，倾诉了一番打工的艰辛，一再说住不起客店，想租房又没有找到合适的房子，言外之意就是要借宿。
>
> 李某听后马上暗示说："是啊，城里比不了咱们乡下，住房太紧了。就拿我来说吧，这么两间耳朵眼大的房子，住着三代人。我那上高中的儿子，晚上只能睡沙发上。你们大老远地来看我，应该让留你们在家里好好地住上几天，可惜做不到啊！"
>
> 两个老乡听后，应和几句，知趣地离开了。

两个老乡没有直接向李某提出借宿请求，只是一味地埋怨在城里找房子住如何困难；李某也假装没听出来弦外之音，立刻附和他们的观点，并说自己家住房如何紧张，为不能留他们住宿而表示遗憾。老乡听了这番话，既明白了李某的难处，又知道他在拒绝自己，只好离开了。

习惯于中庸之道的中国人，在拒绝别人时容易产生一些心理障碍，这既是受传统观念的影响，又与当今社会某些从众的心理有关。其实，做到"却要求，留脸面"并不难，可以尝试下面这些说法：

“哦，是这样，可是我还没有想好，考虑一下再说吧。”

“哦，我明白了，可是你最好找对这件事更感兴趣的人吧，好吗？”

“啊！ 对不起，今天我还有事，只好当逃兵了。”

“哦，我再和朋友商量一下——你也再想想，过几天再决定好吗？”

“今天咱们先不谈这个，还是说说你关心的另一件事吧……”

“真对不起，这件事我实在是爱莫能助了——不过，我可以帮你做另一件事！”

“你问问他，他可以作证，我从来不干这种事！”

“你为我想想，我怎么能去做没把握的事？ 你想让我出洋相啊。”

也可使用摆手、摇头、耸肩、皱眉、转身等身体语言和否定的表情来表示自己的拒绝态度。

拒人情，留自在

众所周知，中国是文明古国、礼仪之邦。在人际交往中，向来是很讲人情礼仪的。但是，当前社会上有的“人情”却远远超出了这个范围。

“重人情，讲面子”是中国人维持关系的一条准则，每一个在社会上“行走”的人，必然会受到这一准则的影响。但是，这种影响很可能使人变得瞻前顾后，凡事先考虑人情，失去了自我，更有甚者为人情所奴役，做出违法犯罪的事来。

其实大可不必如此！每个人都应该清楚：对于不必要的人情，及隐藏在其后的“不情之请”，正确的做法是拒绝——拒人情，留自在。

《史记·循吏列传》记载：春秋时期，鲁国有一位名叫公仪休的人，因其德才兼备而被任命为鲁国相国。公仪休爱吃鱼。有一天，有人送鱼给他，他却拒而不受。

送鱼的人就说：“相国，你喜欢吃鱼，为什么不接受我送的鱼呢？”

公仪休说：“正是因为我喜欢吃鱼，才不能收你的鱼。我现在任相国，有足够的薪俸自己买鱼吃。如果我收了你的鱼，因此被免了官，断了俸禄，到那时谁还来给我送鱼，那样的话岂不是没鱼吃了吗？”

一席话说得来人哑然失笑，只好乖乖地把鱼提走了。

公仪休拒鱼，找的就是一个很好的借口——不因小失大。这是一个非常实在的道理：不受贿，可以用自己的薪俸买鱼吃。受贿很有可能会丢官，丢官以后，人们就不再送“鱼”给你，而自己由于失去俸禄，便什么爱好都不能实现了。

在经济飞速发展、社会生活日益丰富的今天，各级干部更要提高警惕，应该像公仪休拒鱼那样，拒绝伴随新式“糖衣炮弹”而来的人情，留得“自己买鱼吃”的自在。

东汉安帝时，杨震被委任为东莱郡太守。赴任途中，他经过昌邑县，县令王密迎接。王密是杨震举荐的，对杨震感恩戴德，念念不忘，总想报答他，心想这回总算是有机会了。

夜里，王密怀揣十斤黄金，悄悄来到杨震住处，双手将黄金奉上。

杨震不看黄金，笑问王密道：“咱俩也算得上老朋友了，我很了解你，可你却不了解我，这是为什么呢？”

王密急忙声称黄金是自家之物，绝非贪贿所得，敬奉老先生也只是略表寸心，并说：“现在深更半夜，这事根本无人知道。”

杨震不怒自威，一字一句地说：“天知、地知、我知、你知，怎能说是无人知道！”

王密仿佛遭到了迎头棒喝，顿时清醒过来，羞愧难当，无地自容，连声感谢杨震的教诲，收起黄金离开了。

因为清廉，杨震博得了“四知太守”的美名。

好一个“四知太守”，面对朋友的“寸心”，置身于深夜中的私人住处，杨震依然说出“天知、地知、我知、你知”的警示的话——在这样一身正气的上司面前，下属还能有何非分之想？

外国人当中也不乏“拒人情，留自在”的知名人物。林肯就任美国总统以后，亲朋好友都想沾他的光，为谋得一官半职，人们接踵而来。跑官客踏破了门槛，这使林肯在为国事操劳之余，遭受了无穷无尽的烦恼，让他大伤脑筋。

有个代表团劝说林肯任命他们推荐的人来担任桑德威奇岛的专员。他们说，这个人不但有能力，而且身体虚弱，那个地方的气候对他也会有好处。

“先生们，”林肯叹息道，“十分遗憾，另外还有8个人已经申请了这个职位，他们都比你们说的这个人病重。”

一个女人迫切地要求林肯授予她的儿子上校军衔。

“夫人，”林肯说，“我想，你一家已经为国家做够了贡献，现在该给别人一个机会了。”

即使在林肯生病时，前来求职的人依然是络绎不绝。

一天，又有一个人来到林肯这里。他一坐下就摆出一副要长谈的架势。正好林肯的医生进来，林肯便伸出双手对医生说：“医生，你看我的这些疙瘩到底是怎么一回事?”

“这是假天花，也可能是轻度天花。”医生认真地回答。

“我全身都长满了——我想，这种病是会传染的吧?”

“传染性确实特别强。”医生肯定地说。

就在林肯和医生的一问一答中，那个跑官客早已经站起身来了，他大声地对林肯说：“林肯先生，我该走了，我只是来看望你一下。”

“啊，你可以再坐一会儿，别这么急嘛!”林肯开心地说道。

“谢谢你！林肯先生，我以后会再来拜访你的。”那个人说着，急忙向门口走去。

林肯拒绝跑官客，用得最多的是“耍滑”。他用“另外还有8个人已经申请了这个职位”的说法，巧妙地回绝了某代表团提出的委任他们推荐的人担任桑德威奇岛的专员的请求；以“你一家已经为国家做够了贡献，现在该给别人一个机会了”的说法，巧妙拒绝了某女人提出的授予她的儿子上校军衔的要求；以全身长满传染性极强的天花，巧妙地吓走了去找他的跑官客。

下面再来看一个例子：

小徐和小杨是某法院民一庭的两名法官，12 月的一天，二人一同办理一桩变更抚养权的纠纷案。

开庭前，被告的母亲贾老太太把一包启封的香烟放到了小徐的办公桌上，连声招呼："请抽烟!"

小徐回答："我不会抽烟。"

贾老太太示意性地将手在烟盒上轻轻地拍了拍，说："小伙子，不会就学嘛。"

这时，小徐发现贾老太太的表情有点异常，他马上就意识到了这包香烟可能有问题：他轻轻地打开烟盒——果然，烟盒里面装着好几张百元大钞。原来，贾老太太怕自己的儿子吃亏，就想用这种方法来和两名年轻的法官拉关系。由于当时办公室里人多嘴杂，小徐为了顾及眼前这位上了年纪的老人的面子，并没有当众把这盒"香烟"的秘密揭穿。

处理完文书材料后，小徐让小杨把在走廊里等候的贾老太太请到办公室，非常严肃地对她说："老人家，全世界的人都知道吸烟有害健康——为了身体健康，请您把这盒'香烟'收回吧!"说着，小徐用双手把那盒香烟塞回贾老太太的手里，也轻轻地拍了拍，有所示意。贾老太太还想推辞，被小徐果断制止了。

那天下午，经小徐、小杨二位法官做耐心细致的说服教育工作，此案件当事人双方达成调解协议。贾老太太对此也十分满意。待儿子签收法律文书以后，贾老太太拉着小徐的手，意味深长地说：“年轻人，不吸烟好呀，祝你们永远保持健康的身体!”

面对一个老人出于爱子之心的糊涂做法和潜在的要求，小徐和小杨的做法无疑是非常正确的。对暗号式地回答贾老太太，在别人无所察觉中拒绝了对方的“心意”和请求，表面上不动声色，但彼此心照不宣。拒人情，留自在，这种做法好就好在留下了双方都需要的“自在”。

人生在世，谁没有儿女之情、朋友之谊，问题就在于这情该因何而发、因何而用。所以，关键是要辨清人情之味，看看究竟是哪种人情，再决定采取哪种态度。

当人情与以下情况相关时，我们应该“拒人情，留自在”：违法犯罪的行为；违背自己做人的原则；违背自己的价值观念；有损自己的人格；不符合自己的兴趣爱好；助长虚荣心；庸俗的交易；可能陷入关系网。

妥善表达，委婉含蓄尊重人

在语言沟通的过程中，委婉是一种具有奇效的黏合剂。委婉是一种以真诚开放的沟通方式来对待对方，同时也是尊重他人的感受，不随便伤害别人的语言表达方式。所以，会委婉表达者也是一个说话高手。

委婉含蓄的表达是一门语言的艺术。委婉含蓄的表达比口无遮拦、直截了当地说更能展现人的语言修养。直言不讳、开门见山虽然简单明了，但给人的刺激太大，非常容易伤害对方的自尊心。例如，一个服务员在向顾客介绍衣服的时候，经常会说："你的脸比较大，适合穿 ×× 的领子；你的臀部长得不完美，适合穿 ×× 的下装。"另一个服务员会说："你是不是觉得你穿上这种领型的衬衫会更漂亮？""这种强调颈部和夸张肩部的设计，对上下身的围度比例将会起到很好的调节作用，使整体匀称而又不失成熟之美。"虽然前后意思相同，但后者委婉而有礼貌，比较得体，使人听起来轻松自在，心情舒畅，也更容易接受。

委婉含蓄的语言，是劝说他人的法宝，它也能适应人们心理上的自尊感，容易获得赞同。换句话来说，委婉含蓄的语言就是成熟、稳重的表现。中国人讲究曲径通幽的含蓄美，虽然它和条条大路通罗马是相同的意思，但一比较就有明显的差别，而智者往往就是说话委婉含蓄。

也许有的人可能会反对，因为他们认为直言不讳地批评你的人才是真心对你好的人。

“真心”，有真实、真诚的意思。对别人说话时我们需要真诚，但不一定非要真实。比如你看到一个长相欠佳的人，你一见面就如实地对他（她）说：“你长得真难看！”你说人家听了之后会喜欢你吗？会不攻击你吗？你可能会委屈地说你只是实事求是。不错，你确实是实话实说了，可你也伤人了。人常说恶语如刀，所以，我们说话时要尽可能说得含蓄、委婉些，这样才能使周围的人接近你、亲近你，对你满意。

要让一个人对所有人都满意是不可能的事情，因为每个人都认为自己不错。比如，碰到比他个子高的人，他会不屑地说：“长得高有什么了不起的！”遇到比他矮的人，他也会嘲笑说：“这么矮，难看死了！”遇到和他一样高的人，他会说：“还不是和我一个样！”只是很多人从不表露出来而已。我们不是三岁小孩，不应该口无遮拦。孩子说了不中听的真话，人们会说童言无忌，天真可爱，他们的真话可能会博得大家一笑。可成人也那样讲话的话，人们可能会鄙夷其愚蠢、骄傲自大。

因此，不管什么时候，说话都要注意方式，多用委婉的语言来表达。生活中，有很多问题都能婉言表达，其功效是消除怨怒，让人与人之间互相尊重，充满友好和谐的气氛。

丘吉尔说："要让一个人有某种优点，你就要说得好像他已经具备了这个优点一般。"如果有人碰到困难而畏首畏尾，或者办起事来优柔寡断，那么你不妨适时而委婉地说："这样前怕狼后怕虎的不是你以前的表现呀！""你是个很有决断力的人。"先给他戴上他应该具备的优点的高帽子，给予鼓励。由于给了他一个良好的形象定位，所以他也会为此而努力，从而改变目前的不当做法。如果直说："你这个人真是笨，什么事情都办不好。"这样一锤子就把他"打死"了，对方也因此更加丧失勇气和信心。

有时谎言也是一种美

谎言，从表面上来讲就是“不真实的话”。从古到今，谎言一直都为人们所反感，遭受人们的唾弃与蔑视。因此，在生活中只要一提到谎言，人们自然而然地就把它同小人、骗子等行为不好的人联系起来。人人都想远离谎言，做一个诚实的人，这是毋庸置疑的。但是，从某种意义上来讲，在诚实这个家族中也有难以解决的问题，而善意的谎言在这时候就能非常完美地解决。

有一位学生成绩一直排在班级倒数第一，十分淘气，而且总是贪玩好动。他的家长被班主任叫到了学校，班主任说：“你的孩子在板凳上连一分钟也坐不住。”回家后，孩子问妈妈：“老师又和你说什么啦？”妈妈说：“老师说你现在已经能坐住板凳啦！”还有一次，这位班主任又把这位妈妈叫到了学校，说：“你的孩子这次又考了倒数第一。”孩子问妈妈：“老师和你说什么啦？”妈妈说：“老师说你如果再加把劲，肯定能超过你的同桌。”孩子在母亲善意谎言的安慰和鼓励下，有了非常明显的进步。这样的谎言难道不美丽吗？它体现了多么伟大而无私的母爱呀！ 它饱含了一位母亲对孩子沉甸甸的希望。

中央电视台曾经播放过一个真实的故事：

> 一位男士得了肾衰竭，需要换肾。按照计划本来是要换母亲的肾给他，可是化验结果不匹配，只有多病的大姐与其配型成功。这位男士如果知道结果，肯定不会同意移植。为了挽救一个年轻的生命，全家人开始了有计划的说谎，一起欺骗这位男士。其实，由于手术时间推迟一天，加上三天没见大姐的面等细节，聪明的男士早已经知道了事情的真相。为了不让大家伤心，他也是用谎言来应付大家，装作什么都不知道，直到最后康复出院才说出实情。这样的谎言不美丽吗？它体现了多么美的人间真情啊！

实际上，几乎所有的人为了消除误会，减少不必要的麻烦，都曾经说过善意的谎言。 只要你的出发点是正确的，心是真诚的，说一些善意的谎言也是无可厚非的！

曾听过这样一个关于美丽谎言的故事：

> 儿时，小女孩的家里非常穷，甚至连温饱问题都解决不了。所以，他们的饭经常不够吃，母亲总把自己碗里的饭分给孩子吃，自己却什么也不吃，还会深情地跟孩子们说：“孩子们，快吃吧，我不饿！”——这是母亲撒的第一个谎。

家里穷，孩子又正是长身体的时候，母亲为了给孩子们补钙，就常在周末的时候去县郊农村河沟里捞些鱼来给孩子们补身体。母亲总会把鱼做得十分好吃，鱼汤也非常鲜美。孩子们吃鱼的时候，母亲就在一旁看着孩子们，她自己却不舍得吃一口。孩子们都非常心疼她，就把自己碗里的鱼夹到母亲碗里，让母亲吃鱼。而母亲却说什么也不肯吃，用筷子把鱼又夹回孩子的碗里，说："孩子，快吃吧，我不爱吃鱼!"幼小的孩子什么也不懂，就信以为真，以为母亲是真的不喜欢吃鱼。——这是母亲撒的第二个谎。

孩子都大了，也都要上中学了，为了能缴够孩子们的学费，做缝纫工的母亲心里非常焦急，于是就去居委会领些火柴盒回家，晚上糊了挣点零钱贴补家用。有一个冬天，孩子们半夜醒来，看到母亲还弯着身子在油灯下糊火柴盒。孩子说："母亲，睡了吧，明天早上您还要上班呢。"母亲笑笑，说："孩子，快睡吧，我不困!"——这是母亲撒的第三个谎。

时间过得很快，一个孩子要高考了，母亲为了给参加考试的孩子助阵，就请了假，每天站在考点门口等待。当时正逢盛夏，烈日当头，可固执的母亲在烈日下一站就是几个小时。考试结束的铃声响了，母亲迎过去递过一杯泡好的浓茶叮嘱孩子喝了，茶亦浓，情更浓。看着母亲干裂的嘴唇和满头的大汗，孩子又将手中的茶递过去让母亲喝。母亲说："孩子，快喝吧，我不渴!"母亲说话时是那么坚决，让孩子无法反驳。——这是母亲撒的第四个谎。

女孩和她的哥哥姐姐大学毕业参加工作之后，下了岗的母亲就在附近农贸市场摆了个小摊，维持生计。身在外地工作的孩子们经常寄钱回来补贴母亲，但母亲坚决不要，并把钱退了回去。母亲说："我有钱！"——这是母亲撒的第五个谎。

女孩在她所属的学校任教两年后，考取了美国一所名牌大学的博士生。毕业后，女孩留在了美国一家科研机构工作，待遇相当丰厚。条件好了，身在异国的女孩想把母亲接来享受天伦之乐，却被母亲拒绝了。母亲说："我不习惯！"——这是母亲撒的第六个谎。

一生操劳的母亲在晚年又得了胃癌，住进了医院，远在大洋彼岸的女孩乘飞机赶回来时，术后的母亲已经是奄奄一息了。母亲老了，身体不行了，看着被病魔折磨得难受的母亲，孩子们十分痛苦，潸然泪下。母亲却说："孩子们，别哭，我不疼！"——这是母亲撒的第七个谎。

说完，在"谎言"里度过了一生的母亲终于闭上了眼睛。

在生活中，大多数谎言往往把人们抛入痛苦的深渊，但有些时候，善意的谎言却能催生出这个世界上最美丽的花朵。因此，有时，谎言也是一种美！

雨果说："善是精神世界的太阳。"人在特殊的地方，特殊的时候，从善意出发所说的谎言，反映出的是人精神世界中理智的光芒，而不是罪恶。谎言就是假话，让人深恶痛绝，它的危害不言而喻，但并非所有的谎言都可憎可恶，生活中善意的谎言俯拾即是，可亲可爱！

第七章

妙用幽默，把话说得更有趣

在幽默中提升魅力

具有怎样特点的人才更吸引他人呢？ 一般人会说友善、热情、开朗、宽容、富有、乐于助人、幽默、有责任感、工作能力强等，但相关专家提出：在这些所有特征中，最重要的莫过于幽默了。 这并不是说其他的特征不重要，而是因为在人与人的交往过程中，并没有太多的机会展示那些特质。

假若把各种优良特质比作钻石的各个侧面，幽默则是钻石直接面向我们的那一面，可以直接折射出智慧的光辉。

在古代，“桃李不言，下自成蹊”是为人称道的交往观念，意思是说：桃树、李树虽不说话，人们却被它们的鲜花和果实吸引过来，以至于树下都被踩出了小道。

在当今社会中，人与人的交往强调以吸引力为基础，即使你再优秀、再能干，如果你不会“自我展示”，也不太容易引起他人的注意。

在有限的时间和空间之内，哪怕是初次见面，幽默都能让你一展才华，从而给人留下深刻印象。

幽默的特征之一是温和亲切，富有平等意识和人情味。学会运用幽默的方式，能够提升你的个人品位和绅士风度。

巴顿将军由于职业和性格的关系，对自己家庭的内部管理也采取了准军事的模式，凸显巴顿的风格。

儿子的卧室写的是“男兵宿舍”。

女儿的卧室写的是“女兵宿舍”。

客厅写着“会议室”。

厨房写着“食堂”。

那么，他们夫妻的卧室应该挂着一块“司令部”的牌子吧？

可是没有。那上面写的是“新兵培训中心”。

能够在施展幽默时保持平稳，有绅士风度，能够控制好各种情绪，将幽默的语言平淡地说出来，这是高手。因为越是这样，越能和一般的幽默所产生的效果形成强烈对比。因此，温和亲切不仅能提升你的品位和风度，更能增强你的语言幽默效果。

幽默能带给你意想不到的吸引力。你总是可以在幽默中发现睿智的光芒。思路清晰、反应敏捷、妙语惊人是具有幽默感的人的共同特征，他们总是可以从容地面对各种纷繁的场合。下面就以一个竞选的故事，来展示具有幽默感的人是怎样用其独特的魅力来保护自己、赢得胜利的。

约翰·亚当斯参加美国总统竞选时，共和党人指控亚当斯曾派竞选伙伴平克尼将军到英国去挑选4个美女做情妇。其中两个给平克尼，两个留给他自己。约翰·亚当斯听了哈哈大笑，说道：“假如这是真的，那平克尼将军肯定是瞒过了我，全部独吞了！”

如果当时亚当斯怒不可遏地指责对方的不义，不但不能解释清楚，反而会“越描越黑”。以幽默的语言作答，这种反击不是更加有效吗？最终，亚当斯凭借着他的机智、才干和令人羡慕的幽默感当选了总统。

运用幽默，可以让你口吐莲花，舌绽春蕾。

几个朋友交谈，急性子的甲总是打断乙的话，使乙无法完整地表达出自己的想法。这时乙站起来说：“对不起，说话要排队，请不要中间插队，好吗？”

这句话把大家的注意力都吸引到乙身上来了，甲发现乙抢了自己的风头，急中生智，也来了一句：“请不要扳道岔！我现在重复一遍自己的观点。”

甲运用幽默的力量表现了自己，扳回了一局。

可是乙又接着说：“那好，我也把自己加了着重符号的意见再说一下。”

在层层幽默的推进下，不仅在场的每一个人都受到了感染，甲乙二人也在互动的幽默中展现了自己的非凡魅力。

在当代家庭中，丈夫的事业常需要妻子出面帮衬，以求事半功倍之效。

有一位丈夫，常在晚上把客商带到家里来，让妻子准备饭菜，边吃边谈生意，不到夜深人静不会收场。时间一久，妻子吃不消了。尤其有了小孩之后，又操持家务又带孩子，妻子被疲劳压得透不过气来。

后来，妻子想出了一个好办法：她就近找了家小饭馆，丈夫把客人带来时，她也出面接待，入席坐定后，她还为每个客人夹菜，一边笑着说："希望筷子的双轨，能为各位铺出一条财路！"然后说明自己要回家照顾孩子，转身告退。

这位贤内助美好得体的举止，赢得了客人的好感，也博得了丈夫的满意，因为她很好地表现了自己。

要想运用幽默手段表现自我，重要的是要懂得临场发挥，抓住每一个机会为自己所用。像上面的例子就是如此。只要你足够机智，懂得如何随着情境的变化而表现幽默，那么，生活中的每一个瞬间都是你表现自我的舞台。

在美国一个大饭店里，侍女在为一位顾客端上一份芥末土豆糊时，顺便问道："您是干什么的？"

"我是葡萄牙国王。"

"噢。这个工作倒不错！"

这位侍女很幽默，她将当国王看作是一项工作，把自己和国王放在平等的位置，很好地表现了自己。

幽默是展现自我魅力的极佳方式，只有具有幽默感的人，才能在社交场合赢得他人的青睐。

在交谈中运用幽默的技巧

俄国文豪契诃夫说："不懂得开玩笑的人，是没有希望的人！这样的人即使额头上高七寸聪明绝顶，也不算真正有智慧。"

生活中也不乏这样的人，品行端正，为人朴实，却总是一本正经，没个笑脸，让人觉得枯燥乏味，可敬而不可亲。而富有幽默感的人就不一样了，他们是快乐的使者，走到哪儿，就把欢乐散播到哪儿。这样的人当然也有缺点，不过他们的语言妙趣横生，能使人愉快，所以人们愿意与之相处。

池田大作在《青春寄语》中也说："有幽默感的人不会让人厌烦，有幽默感的话题不会给人压力。"适时地使用幽默感，将故事、笑话运用在谈话之中，会使语言更生动、有趣。

如果你想借助幽默的力量，与他人建立和谐的关系，以更好地达成你的人生目标，那么请尽快将这一想法付诸行动吧。多学几招幽默的技巧，将幽默融入你的生活和事业当中，你一定会觉得其乐无穷。

1. 故意曲解的幽默技巧

曲解的玄机在于对某些话的意思故意加以歧义地解释，将说话者的思维引上岔道，以使人发笑。

误解也有可能是因为同音词、多义词和句法关系的不确定等无意中形成的歧义，同样也可以富有喜剧的趣味。本来，幽默中的表达者和反馈者彼此风马牛不相及，然而却被幽默拉在了一起，由此激发出背离的趣味。

一对浪漫的男女刚走进电影院就发现已客满，两个人无法坐到一起。这位年轻貌美的女孩以为自己解决这个问题很容易，只需请求自己邻座的那位男子和自己的男朋友调换一下座位就行了。

“对不起，”她轻声问邻座，“请问你是一个人吗？”

邻座的男子默不作声，她又重复了一遍。那个人还是目不斜视。她又问了一次，这次声音放大了一些。

“住口！”他对她说，“我妻子和孩子都在这里。”

这位多情的男子曲解了女孩的意思，正襟危坐，令人忍俊不禁。

2. 化解困窘的幽默技巧

一天，几位同学一起去看望高中时的老师。已经很多年没有见自己的学生了，老师看见他们非常高兴，一一询问每位同学的情况。

“见到你真高兴。”最后，老师问一位女同学，“你丈夫还好吧？”

“对不起，老师，我还没有结婚……”

“噢，明白了，你的丈夫还没有娶你！”

一个很尴尬的场面，经老师这样一句幽默的话，马上就变得轻松愉快了，也没让女同学过于尴尬。老师第一句话错在按通常思维发问，没想到却问了一句“蠢话”。而这位老师的幽默之处在于知道错后，急中生智，又说了一句“蠢话”，此时大家都知道他是有意为之，自然心领神会。

3. 戏谑幽默术

幽默的最大功能是可以减轻心理压力，防止产生紧张的人际关系。尤其是在自己占据了精神优势以后，幽默更能起到维护对手自尊心的效果。

一次，演说家杰生在纽约演出，他决定在演出之前先到一家知名的小吃店吃点东西。

“您是初次来本店吧？”一位男服务员问他。

“是的！这儿是一个很好的地方。”杰生说。

“您来得真巧，”男服务员接着说，“今天晚上有杰生的演说。很精彩的，我想您一定想去听听吧？”

“是的，我当然要去。”杰生说。

“您弄到票了吗？”

“还没有。”

“票已经卖完了，您只好站着听了。”

“真讨厌，”杰生叹了口气说，“每当那个家伙表演时，我都必须站着。”

杰生吃完就离开了，他出门时被一位女服务员认出来了。女服务员对那位男服务员说：“刚才那位就是杰生先生。”

“啊！”想到刚才的情境，男服务员被杰生的幽默感染了，忍不住哈哈大笑起来。

有一个叫高明的年轻人非常有幽默感，且善于恭维。某日，高明请了几位朋友到家中一聚。他站在门口恭候，等朋友们陆续到来的时候，便挨个儿问了同样一个问题：“你是怎么来的呀？”

第一位朋友说：“我是坐计程车来的。”

“啊，华贵之至！”

第二位朋友听了，眉头一皱，打趣道：“我是坐飞机来的！”

“啊，高超之至！”

第三位朋友脑筋一转：“我是骑脚踏车来的。”

“很好啊，朴素之至！”

第四位朋友害羞地说：“我是徒步走来的。”

“太好了，健康之至呀！”

第五位朋友故意出难题：“我是爬着来的。”

“哎呀。稳当之至！”

第六位朋友戏谑道：“我是滚来的！”

高明不紧不慢地说："啊，真是周到之至！"

众人一起大笑。

高明的戏谑幽默技巧几乎天衣无缝，既恭维了每位朋友，又没有伤害其他人，表现了他借题发挥、即兴诙谐的才能。

1981年1月，里根入主白宫。3月30日，里根遭到枪击。当他从昏迷中醒来时，发现南希就在他身边，便下意识地想找一句安慰她的话。突然，他想起了爱尔兰拳击运动员杰克·登普西。当这位重量级拳击冠军被打败回到家后，他对妻子说："亲爱的，我忘了躲了。"正是这句幽默的话，使南希顿时破涕为笑。

里根在如此生死攸关的时候还能用幽默来给自己打趣，其乐观的精神着实令人叹服。假如你也想在生活、事业中获得成功，那么请学学这种乐观的精神，使自己也拥有一个多彩而幽默的人生吧！

让自己多点幽默感

幽默是智者的逻辑、慧者的情感。怎样才能让自己更具幽默感呢?

1. “忍得疼”方有绝妙俏皮话

莎士比亚说得好:“简洁是语言的灵魂。”许多时候,一句俏皮话抵得上千言万语。俏皮话也是脱口秀的一大特点,它包括随机应变说出的一句精彩的即兴妙语。妙语也罢,俏皮话也好,并不一定非得令人捧腹大笑,它大多是一个让人颇为愉悦的素材,传递着一些可爱的信息。

比如一个关于已故的肯德基炸鸡创办人桑德斯上校的故事。

> 桑德斯有一次坐飞机的时候,遇到有个小婴儿不停地大声哭闹。无论婴儿的母亲和空中小姐如何哄劝都不能使他安静下来。最后,桑德斯站起来,他问这位母亲能否可以让他抱一抱这位小婴儿。当他把这个婴儿抱在

怀里轻轻地摇晃时，这婴儿竟然很快睡着了。

当桑德斯回到他的座位后，他旁边的一位乘客礼貌地向他道谢：“我们都很感激你为我们所做的事情。”他却回答说：“我做这件事情并不是为了我们，而是为了这个婴儿。”

2. 用幽默语言表达自己的真意

现代人对感情生活的要求越来越高了，有了矛盾与冲突不一定就要表现为直接的争吵，也不会过度地压抑自己，而是采用更有品位、更有水平的语言来发泄，这样既不会伤害别人，又平衡了健康的感情。在讽刺、幽默、俏皮话和妙语之争中，达到双赢的结果，这就是现代生活的格调。

3. 交谈的语言要清晰、准确、幽默、含蓄

（1）吐词清晰、准确

社交谈吐不但要坚持待人敬、于己谦的准则，而且要吐字清晰准确。

首先，发音规范，吐词清晰。

在社交谈吐中，每个人都要力求发音规范，坚持用普通话和说好普通话，不用或少用方言、土语。吐词要清晰，不要含糊不清，更不要发错音、念错字，以免贻笑大方。

其次，声音适度，语气谦和。

“听话听音”，有声语言的表达是以声达意，以声传情。所以，在与人交谈中，应注意语音的轻重、语速的快慢、语气的缓急。音量要大小适度，抑扬顿挫适宜，口气要平易近

人，使之亲切谦和。总之，说话的音量高低、音幅长短、音速快慢、重音位置等均表达特殊的含意。同样是一句“您请”，用平调柔声来说表示客气，用升调拖腔来说显得油滑，用短促的降调说就显得有敌意了。

在社交场合中，一般以柔和谈吐为宜。我们都知道，语言美是心灵美的外在表现，“有善心，才有善言”。所以，要掌握柔言谈吐，首先应加强个人的思想与性格修养。同时还要注意在遣词用句、语调语气上的一些特殊要求。比如，在用语上，应该注意使用谦辞敬语，忌用粗鲁污秽的词语；在句式上，应少用否定句，多用肯定句；在用词上，要注意感情色彩，多用褒义词、中性词，少用贬义词；在语气语调上，要亲切温和、诚恳友善，不要随意加一些“嗯”“啊”“这个”，不要以教训人的口气谈话或摆出盛气凌人的架势。在交谈中，要有眼神交流，笑口常开。

再次，要言不烦，用语准确。

谈话言简意赅要言不烦，这是社交谈吐要遵循的原则之一。用语准确恰当，就会收到“良言一句三冬暖”的效果，用语不当就会出现令人尴尬的场面。

(2)言谈幽默含蓄

幽默是现代人必备的文化素质，是社交中不可缺少的润滑剂。正如高尔基所说：“幽默是生活中的盐。”社交谈吐中加入了幽默的调味剂，可以让人觉得醇香扑鼻，魅力无穷。幽默风趣的交谈能拉近彼此间的距离，融洽交际气氛。

幽默风趣的谈吐能展示一个人的过人才智和乐观情绪。

1972年2月，周总理陪同美国总统尼克松参观我国自行设计和施工的南京长江大桥。当踏上引桥时，尼克松忽然问："总理阁下，请问南京长江大桥每天有多少人经过?""总统阁下，南京长江大桥每天有5个人经过。"看到对方发愣的样子，总理自豪地解释道："每天经过南京长江大桥的人是工、农、兵、学、商，不是5个人吗?"尼克松听后，"啊"了一声，随即连连点头称叹。

幽默是生活情趣的调味品

幽默是语言的润滑剂。在社会生活中，幽默无处不在，假如你善于灵活运用，必将为你的生活带来无穷的乐趣。

在家庭生活中，谁也不能保证没有一点矛盾。即使是感情再好的夫妻，也不能保证一辈子不发生一点儿小摩擦，尤其是当夫妻俩的工作都很忙，或是有一方在外面遇到不顺心事情的时候。

然而，这种情况发生在不同的家庭会有完全不同的结果。有的夫妻之间谁也不肯让着谁，由此而爆发一场家庭战争；而有的家庭则有一方采取谦让态度，使即将发生的争吵烟消云散；还有的家庭，谦让的一方由于机智地运用了诙谐幽默的语言，使得本该传出打骂声的屋子里传出一片笑声。

沈美娟是一位有着良好文化修养的女性。有一次，因为急着外出听课，她忙得连家中的煤炉都没有封好就匆忙走了。待她听完课回到家时，天已经非常晚了。她的孩子放学回家后饭也没吃，饿着肚子就趴在桌子上睡着了。

比她稍早一会儿回到家的丈夫，看着家中火熄锅冷，孩子又如此可怜，既心疼又生气。看到沈美娟回来，便气不打一处来，开口便骂："在家就像个活死人，连火也看不住！"

沈美娟没有反唇相讥，而是一脸温和地微笑道："你火什么？火再大，也点不着炉子。"

一句话令丈夫的脸色阴转多云，不过，他还是火气未消地埋怨她说："你呀，要是没有我，怕是连屎都会吃到肚子里去。""所以我才离不开你呀！"经她这么一说，丈夫"扑哧"一声，脸上立即多云转晴，笑得如一片阳光般灿烂。

这便是幽默在家庭生活中所发挥的奇妙作用。

在现代生活里，已经有越来越多的家庭在学习和运用幽默的语言对话来调节家庭气氛，融洽夫妻关系，以提高生活质量。

下面，我们再来看看几对幽默夫妻的例子。

有一对刚刚举行完婚礼的新婚夫妇，在客人们全都离去后，新娘就对新郎说："从今往后，咱们俩谁也不许说'我的'了，而要说'我们的'。"新郎为了不扫新娘的兴，含笑答应了。

新郎去洗澡，很久都没有出来，新娘就问："你在干什么呢？”新郎在里面回答道：“亲爱的，我在刮我们的胡子呢。”

你看，这位新郎仅用一句风趣的话，就纠正了新娘之前不完全正确的提议。假如他从一开始就反驳新娘的说法，其结果可想而知，肯定是不愉快的。

有一对夫妇一起去参观油画展览。当他们面对一张仅用几片树叶遮盖重点部位的少女画时，丈夫的眼睛盯着画面入神，半晌也没有离开的意思。妻子见此情景，略显醋意地斜视着丈夫说：“喂，你是不是想站到秋天，等树叶全部落尽了才甘心呢？”

一句话说得丈夫讪讪的，不好意思地牵着妻子的手赶紧离开了。

还有一对幽默得很上档次的夫妻：

有一天，夫妻二人争吵了几句，谁也不好意思先开口说话。可是，丈夫非常爱睡懒觉，每天都得让妻子喊他起床。于是，他就在床头留了张纸条，上面写着：

亲爱的，请在明天上午7时叫醒我。

你的丈夫

第二天，当他一觉醒来时，已经是上午8点钟了。他有些恼火，刚想发牢骚，忽然看到枕边放着一张纸条，上面写着：

亲爱的，快醒醒，7点钟了！

你的妻子

于是，夫妻俩一对视，然后便哈哈大笑起来。

幽默的夫妻笑口常开，幽默的家庭和睦常在。 在轻松和谐的家庭中生活的人，心情会开朗，心胸会豁达，他的生活也会充满情趣。

幽默是化解敌意的妙药

幽默的大忌是敌意或者对抗，幽默产生在避免冲突、消除心理重负之时。 但这不是说一旦面临敌意与冲突，幽默就注定消亡，这还要看幽默的主体是否有足够的力量，帮助你从危险的冲突、怨恨的心理、粗鲁的表情和一触即发的愤怒中解脱出来。

即便不可能改变你的攻击性，幽默也极可能帮助你钝化攻击锋芒。 或者说，因为恰如其分地钝化了攻击的锋芒，你的心灵得到了幽默感的陶冶，你便可以游刃有余地以更加有效的方式来表达你的意向，并避免搞僵人际关系。

这的确需要更高一筹的智慧和更宽容更博大的胸怀。 几乎每一个面对冲突的人都面临着对其幽默感的严峻考验，而只有少数人能够经得起考验。

作家冯骥才访问美国时，有一个很友好的华人携全家来拜访，双方相谈甚欢。忽然，冯骥才发现客人的孩子穿着鞋子跳到了他洁白的床单上，这是一件令人十分不愉快的事，恰恰孩子的父母却没有发现这一点。此时，冯骥才任何表示不满的言语或者表情，都可能导致双方的尴尬。

幽默感帮了冯骥才的大忙。他非常轻松愉快地向孩子的父母说："请把你们的孩子带到地球上来。"主客双方会心一笑，问题圆满地解决了。

从语言的运用来讲，冯骥才只是玩了个大词小用的花样，把"地板"换作了"地球"，整个意味就大不相同。地板是相对于墙壁、天花板、桌子、床铺而言的，而地球则相对于太阳、月亮、星星等天体而言的。冯骥才一用"地球"这个概念，就把双方的心灵空间带到了茫茫宇宙的背景当中。此时，孩子的鞋子和洁白的床单之间的矛盾就明显淡化了，而孩子和地球、宇宙的关系就消除了尴尬。

在使用钝化攻击幽默法时，你首先要有原谅并放弃攻击对方的心态，不然就不能发挥出你的幽默感。

有一家住户，水管漏得很厉害，院子里全积满了水。修理工答应马上过来，结果等了大半天才看到他的身影。他懒洋洋地问住户："大娘，现在情况怎样啦?"

大娘说："还好。在等你的时候，孩子们已经学会游泳了。"

这位大娘虽然说得有些夸张，但钝化了攻击的锋芒，淡化了对修理工的不满。要是大娘没有原谅修理工，直接斥责，如若修理工性格不好，肯定会扭头就走。这里，修理工在笑的同时也必然会心生愧意。所以，钝化攻击幽默之法在人际交往中的作用非同小可。

第八章

以言动人，巧妙说服有技巧

知己知彼，方能取胜

对不同性格的人，要用不同的交流方式。

例如：知识结构丰富的对象，对知识性辩题抱有极大的兴趣，不屑听肤浅、通俗的话，这时就应充分体现你的博学多才，多做抽象推理和关于各种问题之间的内在联系的探讨；

文化知识结构肤浅的对象，听不懂高深的理论研究，这时就应多举易懂、通俗的事例；

刚愎自用的对象，不适合循循善诱时则可以用激将法；

爱好夸大的对象，不能用表里如一的话使他接受，可以用诱兵之计；

脾气急躁的对象，讨厌喋喋不休的长篇说理，用语须简短直接；

性格沉默的对象，要多让他发言，不然你会云里雾里；

思想顽固的对象，不能对其进行硬攻，容易僵局，这时应看准对方感兴趣的点进行转化。

从言谈了解对方，是取得胜利的关键。 我们可以从言谈中观察对方的性格特征和内心活动。

性格大方自信的人，很少使用“那个……”“嗯……”“这个……”之类的口头语。反之，小心谨慎的人常用这类语汇。日本语言心理学家三付侑弘认为，在谈吐中常说出“果然”的人，常常自以为是，强调个人主张；经常使用“其实”的人，通常是想引起别人的注意，因为他们任性、倔犟、自负；经常使用“最后……”一类词汇的人，大多是潜在欲求未能得到满足。

通过对手无意中显露出来的态度及谈吐，可以更快地了解其性格及心理状况，通常这样能够捕捉到更直接、更真实的思想。

例如：对方抱着胳膊，表示在思考问题；抱着头，表明一筹莫展；低头走路、步履沉重，说明他心灰意冷；昂首挺胸，高声交谈，是自信的流露；女性一言不发，一直不停地揉搓手帕，说明她心里有话，却不知从何说起；真正自信而有实力的人，会谦虚认真地听取别人的讲话；抖动双腿常常是内心不安、苦思对策的举动；若是双腿轻微颤动，就可能是心情悠闲的表现。

当然，想要更全面地了解说服对象，不能总是停留在静止、默察上，还应该主动侦察，采用一定的侦察对策，去激发对方的情绪，就能够迅速准确地把握对方的思想脉络及思想动态。然后再顺其思路进行引导，这样才有利于说服成功。

现身说服，感情真挚

对于说服对象来说，榜样与具体事例是真实的、可学的，会使他们认识到：他说的都是自己的真事和经验之谈，我应该认真借鉴才是。这种观念一旦树立，就会产生一种积极效仿他人的精神需要。

现身说服，感情真挚而发人深省，态度殷切而意味深长，能够拉近主客体之间的心理距离，具有通感性。如果恰当运用，会使说服对象的心灵产生高频率的振动，容易引起双方强烈的情感共鸣，进而实现主客体之间的心灵沟通。

在运用现身说服这个方法时，要注意的是说服者所讲的事情必须是自己的亲身经历，并且包含自己真实的切身体验，只有这样才能从中提炼出动人心弦、开人心窍的哲理。然后，才能运用这抽象的生活哲理去引导别人摆脱眼下的困境。

运用现身说服，还要注意一点，即讲述的个人经历必须与说服对象目前所处的困境有相同或相似之处，或者在本质上有必然的联系。这样才能使二者具有可比性，你领悟出来的道理，对说服对象来说才有价值。否则，对方会认为你述说的经历以及领悟的道理与他没有丝毫联系，那就起不到说服的作用。

当然，运用现身说服，并不需要对自己的经历进行详尽地回顾，最关键的是要把解决类似问题的方法介绍给对方，使之简明扼要地呈现在说服对象面前，这是现身说服的根本环节。只有紧紧抓住这个环节，之后所进行的说服才会有感召力，才能令人信服。

运用现身方式进行说服，谈的都是说服者自身的经历和体会，其最终目的是以此激励和鞭策对方。因此，态度要亲切自然、坦率诚恳，让对方在自觉的比较中产生心灵的共鸣，愉快地接受你的说服。千万不能在对方面前故意借机炫耀自己的“光荣历史”，给人留下一种自我吹嘘与标榜的坏印象。

如果故意地炫耀自己的功绩和优点，借此来贬低和挖苦对方的缺点和不足，只会引起对方的厌恶，这根本不是在说服对方。

树标说服，生动形象

树标说服，就是根据人们善于模仿的心理特点，在说服过程中给对方树立一些鲜明、具体、生动、形象的好榜样，从而进行生动形象的感知教育，使说服对象能够比有样板、学有榜样、赶有目标、超有方向。这比单纯的说服更具有感召力，更容易引起对方的情感共鸣，给对方以激励和鞭策，激发他们模仿和追赶的愿望。

心理学研究表明，当一个人感知到别人的行为时，就会产生进行同一行为的愿望，这样就产生了模仿。当看见别人做好事时，自己也会想去尝试，一旦这种从善的心理发展为从善的信念，进而升华为从善的意志，就很容易产生从善的行为。

通常来说，人们并不认为自己的大多数行为是受人指使或受人引导的，因为人们不易察觉到别人的行为对自己造成的影响。

当然，这种善于模仿的特性，决定了在模仿他人的良好行为时，也容易受到不良行为的影响。许多年轻人看了暴力影片，往往误入迷途，导致犯罪，这就是一个有力的证明。所以，在说服中有意识地运用心理学中有关模仿的心理特征，采用树立榜样的方法，用典型来做引导，激发说服对象积极的模仿意识，有着十分重要的意义。

树标说服，可以从正反两个方面列举大量古今中外的典型事例，来启发引导和制止约束说服对象的思想行为。用正面的典型事例，对说服对象的思想行为进行正面积极的诱导；借反面典型事例，给说服对象的思想行为以约束和制止。

中国有句古语，叫作“人往高处走，水往低处流”。一般来说，每个人都希望成为受人尊敬、对社会有益的人，很少有人愿意自甘堕落。因此，在讲正面例子时，要讲得生动形象、鲜明具体，能够扣人心弦，让正面形象深深印刻在说服对象心中，直至征服他们。但要注意不能脱离客观事实而随意夸张放大。

在讲反面例子给以劝诫时，切忌对恶人恶行津津乐道、叙述详尽。换句话说，就是讲解反面例子宜粗不宜细，不是单纯地侧重于对错误行为的描述，而应该侧重于对过程的分析，分析要有批判性，态度和观点要鲜明正确，以防产生消极影响。

唤醒说服在于有意引导

人正确的自我意识并不是与生俱来的。一方面，人们通过不断地进行实践和学习来获得正确的自我意识；另一方面，则依赖于他人的引导。这种“引导”其实就是运用心理学上所说“意识唤醒”的方法，促使外因通过内因起作用的过程。把这种外因作用置于言语交际的方面，实际上是为我们提供了一种新的说服的方法——唤醒说服。

一般来说，运用唤醒说服可从以下几个方面入手：

1. 唤醒年龄特征意识

人到了某个年龄阶段就会出现相应的心理特征，但有的人却迟迟没有表现。这时，只要你稍加引导，他就有可能会醒悟，甚至可能会产生心理意识的飞跃。

2. 唤醒性别特征意识

不同性别的人具有不同的自我心理意识。然而，有些人却缺乏这种自我意识。善于做引导工作的人，就会抓住这个时机，从唤醒对方性别特征意识的角度加以引导，使之产生心理上的飞跃。

3. 唤醒角色心理意识

在社会生活这个大舞台上，每个人都扮演着一定的角色。当人扮演着某种角色、角色发生转换或被赋予某种特殊角色时，就会产生特定的角色心理意识。

4. 唤醒社会责任意识

社会生活中的每一个人，在享受着各种各样权利的同时，也承担着相应的社会责任。有些人意识不到他必须承担的某些社会责任，可以从唤醒对方的社会责任意识入手，通过引导，使之明白自己的社会责任，并担负起应尽的义务。

5. 唤醒自我价值意识

每个人都希望别人尊重自己的言行，都有自觉维护自身荣誉和社会地位的自我意识倾向，这是一个人希望实现自我价值的迫切反映。它是一种与自信心、进取心、责任心、荣誉感密切相连的积极的心理品质。

古人云："水激石则鸣，人激志则宏。"善于做说服工作的人，总是能够唤醒对方迫切希望实现自我价值的潜意识和强烈的自尊心，从而将之转化为巨大的精神力量。

综上所述，唤醒说服在言语交际中的主要功能是通过语言这个外因激发出对方潜意识中的"良知"，使之认识到自己年龄的、性别的、角色的心理意识特征，意识到自己的社会责任和自我价值，从而促使其通过自我批评、自我监督、自我鼓励、自我修养，不断地自我完善，在认识上达到一个新境界。

总而言之，唤醒说服这种激发心理潜意识的说服艺术，在言语交际中具有很强的实用性。

激将说服施以强烈反刺激

激将说服，指的是用反常的说服语言去激励对方，促使其下决心做好我们本来就希望他们做好的事。

实践告诉我们，在做思想工作时，绝对不能只用一种方法模式，应该随着说服对象及其思想的变化而不断变化。 有些方法适用于某人某事，但不一定适用于所有的人和事。

对某些人，只要晓之以理，动之以情，耐心相劝，就能打动他，直至说服。 但用同样的方法，另一些人可能就不会接受你的说服，哪怕你磨破嘴皮，他还是一意孤行。 但如果你改变方法，突然给他一个强烈的反刺激，说不定能取得意想不到的效果。

东汉末年，曹操大兵压境，刘备手下缺少良将，急需老将黄忠再次横刀立马、驰骋疆场。黄忠虽然已经答应领兵抗敌，但诸葛亮对于黄忠能否成功并不确定，便故意劝阻黄忠出马，并感叹其年事已高，以此激发黄忠的斗志。

诸葛亮说："老将军虽然英勇，然夏侯渊非张郃可比也。渊深通韬略，善晓兵机，曹操倚之为西凉藩蔽。先曾屯兵长安，拒马孟起，今又屯兵汉中。操不托他人，而独托渊者，以渊有将才也。今将军虽胜张郃，未必能胜夏侯渊。吾欲酌量着一人去荆州，替回关将军来，方可敌之。"

此话显然不是诸葛亮的本意，其目的在于激发起老将黄忠出战取胜的决心。果然如诸葛亮所料，一番话激起了老将黄忠的斗志，他把大刀舞得快似飞轮，并奋然答曰："昔廉颇年八十，尚食斗米，肉十斤，诸侯畏其勇，不敢侵犯赵界，何况黄忠未及七十乎？军师言我老，吾今并不用副将，只带本部兵三千人去，立斩夏侯渊首级，纳于麾下。"

事后，诸葛亮对刘备说："此老将不着言语激他，虽去不能成功。"结果，等到黄忠挥刀上阵，果然在战场上所向披靡，势如破竹。他先斩两员魏将，后又指挥军队追杀敌人数十里，赢得了"宝刀不老"的夸赞。

由此可见，激将说服只要在适当的时候使用，就会有意想不到的效果。

激将说服的运用，也要因人而异，不可以盲目使用。一般来说，它对那些争强好胜的人，效果比较明显，而对敏感多疑、谨小慎微的人，则很容易适得其反。